AÇÕES S.A.

E os segredinhos do senhor mercado

ADENILSON CARVALHO

AÇÕES S.A.

E os segredinhos do senhor mercado

1ª edição

São José dos Campos/SP
SGuerra Design
2020

Revisão de textos:
Raquel Hoffmann Monteiro

Capa, projeto gráfico e diagramação:
SGuerra Design

Dados Internacionais de Catalogação na Publicação (CIP)
(Bibliotecária Juliana Farias Motta CRB7/5880)

C331a Carvalho, Adenilson

Ações S.A.: e os segredinhos do senhor mercado / Adenilson Carvalho. – 1.ed. – São José dos Campos (SP) : SGuerra Design, 2020.

270 p.: 14x21 cm

ISBN: 978-65-5899-022-2

1. Investimentos. 2. Ações (Finanças). 3. Mercado de capitais. I. Título: e os segredinhos do senhor mercado

CDD 332.6

Índices para catálogo sistemático
1. Investimentos.
2. Ações (Finanças).
3. Mercado de capitais.

Aos meus filhos, recém-chegados a este mundo,
Miguel e Gabriel.

Nota do Autor à Primeira Edição

O autor e a editora empenharam-se para citar adequadamente e dar o devido crédito a todos os detentores de direitos autorais de qualquer material utilizado neste livro, dispondo-se a possíveis acertos caso, inadvertidamente, a identificação de algum deles tenha sido omitida. Não é responsabilidade do autor nem da editora a ocorrência de eventuais perdas ou danos a pessoas ou bens que tenham origem no uso desta publicação.

Apesar dos melhores esforços do autor, do editor e dos revisores, é inevitável que surjam incorreções textuais. Assim, são bem-vindas as comunicações referentes ao conteúdo ou à didática de apresentaçao a fim de que possam contribuir para o aprimoramento de edições futuras. Os comentários dos leitores podem ser enviados ao próprio autor através do e-mail adenilson.carvalho@gmail.com.

Sumário

Apresentação

Objetivos deste livro

Minha intenção com esta obra é oferecer ao leitor um guia prático de iniciação ao mundo das ações e do mercado acionário brasileiro. Neste livro você irá compreender o que é uma ação, o significado de se tornar um acionista de uma companhia aberta e quais os eventos relevantes que poderão afetar de uma forma ou de outra os detentores desses papéis.

Em particular, o livro tem como metas:

- Apresentar os principais riscos ao se investir no mercado acionário e a melhor maneira de minimizar estes riscos.

- Explicar ao leitor o conceito de ação, a terminologia associada e quais os principais eventos que poderão afetar uma base acionária.

- Apresentar as principais ferramentas e indicadores que podemos utilizar para selecionar as melhores ações da bolsa de valores.

- Como aumentar o retorno da sua carteira de ações entendendo a linguagem dos negócios: a contabilidade.

- Mostrar uma forma de segmentar o universo de empresas da bolsa em alguns poucos grupos com características afins, de forma a expor ao leitor as particularidades de cada segmento.
- Destacar a importância de ter como foco do investimento a geração de renda passiva ao invés de simplesmente acumulação de patrimônio.
- Demonstrar o motivo pelo qual os proventos pagos pela empresa aos seus acionistas são tão importantes para formação dessa renda passiva.
- Revelar quais as estratégias mais utilizadas na hora de se investir em ações. Quais as estratégias mais bem sucedidas e quais as estratégias pouco recomendadas.

Público-Alvo

Este livro tem como público-alvo todos aqueles que já investem ou pretendem investir em ações neste país ou no exterior, mas que ainda ficam confusos na hora de selecionar as empresas que irão compor o seu portfólio.

Serve tanto para os "tubarões" quanto para os "sardinhas", pois apresenta ensinamentos úteis que atingem uma ampla gama de perfis de investidores. E foi escrito particularmente para: pessoas comuns interessadas em compor um portfólio de ações para usufruírem da renda gerada através destas ações no futuro; entusiastas do mercado de ações; investidores desanimados com o baixo retorno da renda fixa no Brasil na atualidade.

Apesar de conter algum tecnicismo e elementos de contabilidade, procurei de todas as formas não o tornar maçante e, desta forma, pode ser encarado por qualquer um que domine matemática básica e possua dentro de si a coragem e determinação necessárias para desbravar novos conhecimentos. Esta obra pretende ser um fio-guia no emaranhado de informação e ruído existente no mercado de ações, uma luz para mostrar um caminho possível – se não o melhor, o menos dependente da sorte e de outros fatores aos quais não temos controle.

Por fim, desejo que sirva como um guia de bolso sobre como selecionar boas empresas e bons projetos, de forma atemporal, para as futuras gerações, para nossos filhos e netos e quem sabe para os netos de nossos netos...

Da Estrutura do Livro

Este livro divide-se em nove capítulos de temas complementares e progressivos visando uma abordagem acessível ao seu conteúdo.

No primeiro capítulo, introduzo o tópico sobre os riscos no mercado financeiro e abordo a questão do medo, muitas vezes irracional, que as pessoas têm quando pensam em investir em ações.

No segundo capítulo, exponho em detalhes o conceito por trás de uma ação, as suas diferentes classes – ou tipos – e os eventos que podem afetar uma base acionária e a sua carteira.

Seguindo adiante, o terceiro capítulo apresenta uma forma de classificar as empresas listadas na bolsa de valores. O objetivo aqui é agrupar empresas com características semelhantes e direcionar recomendações ao investidor na hora de analisar cada grupo separadamente.

No quarto capítulo, tento demonstrar empiricamente, através de fatos, números e argumentos historicamente fundamentados a importância de se investir em ações visando um horizonte de longo prazo.

O capítulo cinco enumera e descreve os indicadores fundamentalistas que consideramos essenciais para se avaliar adequadamente uma companhia: o que devemos ter em mente ao observarmos cada um deles e quais as possíveis armadilhas ocultas com as quais devemos nos preocupar.

O sexto capítulo introduz a linguagem utilizada no mundo dos negócios. Apesar de mais denso e recheado de termos técnicos, buscamos destrinchá-los e torná-los mais palatáveis ao leitor. Identificamos os pontos mais relevantes de cada demonstrativo, destacando quais deles deverão receber mais atenção por parte do investidor.

No capítulo sete, falo a respeito do poder multiplicador dos dividendos, porque eles são tão importantes numa carteira de longo prazo e como potencializar o retorno da sua carteira de ações com estes dividendos.

No capítulo oito, revelo, de forma sucinta, as principais estratégias contemporâneas, visando o planejamento e a montagem de uma carteira de ações. Nele, descrevo as estratégias mais apropriadas para geração de valor e renda, bem como aquelas que são mais arriscadas e menos propícias para este fim.

Enfim, no nono e último capítulo, apresento exemplos de carteiras de ações reais com composições e finalidades diversas para servir como ponto de partida para o investidor.

Prefácio

Deixe-me apresentar: sou um sujeito comum. Um típico brasileiro médio. Não sou economista, nem possuo MBA em Finanças, especialização em Harvard ou coisa do tipo. Sou um entusiasta do mercado de ações e leitor voraz de toda e qualquer obra sobre o assunto. Sei que ainda tenho muito a aprender com os grandes investidores de hoje e de outrora, porém, decidi transcrever para estas páginas da forma mais simples e objetiva possível o pouco que sei. Como também não tenho vínculo com nenhuma casa de análise ou corretora, não me prendo a nenhuma estratégia ou empresa na bolsa. Apesar de não ser da área, acredito que isso não deva ser uma limitação para alguém escrever ou falar a respeito.

De certa forma decidi escrever este livro por dois motivos principais: o primeiro seria promover a cultura de investir no mercado de ações e se tornar sócio parceiro de empresas e de seus projetos, pois acredito ser a única forma sustentável de construir renda e patrimônio. Quero, com isso, ajudar a todos aqueles que almejam se tornar financeiramente independentes num futuro próximo, deixando de se sujeitar ao já combalido sistema previdenciário brasileiro.

O segundo motivo seria desmistificar e desmitificar o investimento em ações, pois escuto frequentemente por aí, vindo das mais variadas pessoas, que empresas e o capitalismo em geral são destrutivos e que bolsa de valores seria uma espécie de antro ou seita maquiavélica na qual os especuladores chafurdam. Sinto que ainda se faz necessário romper com o conceito na mente dos brasileiros de que investir em ações é um privilégio de poucos abastados com dinheiro de sobra para investir. Sinto firmemente que é preciso acabar de uma vez por todas com o ranço da cultura rentista que perdura nesse país desde os tempos de inflação galopante.

Empresas são elementos fundamentais para a sociedade ao desempenharem um papel de empregador e provedor de renda para milhões de trabalhadores no mundo todo. Os bens e serviços que são produzidos pelas companhias estão presentes em todo parte e muitos deles já estão tão incorporados ao nosso dia a dia e ao nosso cotidiano que nem fazemos conta de quão importantes eles são para a nossa vida.

Desde o perfume que você usa, até o cafezinho que costuma tomar pela manhã, existe alguma empresa por trás responsável pela sua fabricação ou comercialização. O refrigerante que você toma, o jornal que você lê, o sapato que você calça, praticamente tudo ao seu redor foi feito ou vendido por alguma companhia.

Pense agora no livro que você está lendo. Ele foi produzido por alguma editora, ou seja, por uma empresa. Se for um livro físico, ele é composto de papel, fabricado por alguma empresa do setor de celulose. Se for um livro digital, então você provavelmente estará usando um dispositivo eletrônico de leitura, montado, distribuído e vendido por alguma empresa. Este dispositivo possui componentes eletrônicos que, por sua vez, foram confeccionados em alguma empresa mundo afora. Caso esteja lendo em seu computador pessoal a história é mesma, sempre tem alguma empresa por trás da marca e dos seus componentes. Provavelmente está sentado em alguma cadeira ou apoiado em alguma poltrona que, obviamente, foi confeccionada por uma empresa e assim por diante.

O mundo tal qual o enxergamos atualmente é, inegavelmente, um mundo alicerçado em empresas, pessoas que trabalham nessas empresas e que recebem salário por isso. Esse salário será usado para comprar produtos, serviços ou comodidades que só as empresas serão capazes de produzir e proporcionar.

É importante mencionar, entretanto, que para se manter, toda e qualquer empresa visa o lucro e o crescimento. E o ser humano, assim como as empresas, também busca a evolução e o crescimento, seja no âmbito espiritual ou material. Dito isto, é inegável a importância que elas têm em nossas vidas e, sendo assim, por que não nos associarmos a elas, por que não tomarmos parte dos seus resultados, dos seus lucros?

De todo modo, o que pretendo humildemente apresentar a você leitor, nesses próximos capítulos, é apenas uma gota de conhecimento no oceano de informações que cerca este mundo fascinante, cheio de mistérios e segredos bem guardados que é o mercado de ações. Anseio que, após o término da leitura deste livro, você se torne um acionista de sucesso, com mentalidade de sócio e, consequentemen-te, ganhe dinheiro na bolsa. No entanto, caso isso não se concretize, espero ao menos ter te ajudado a encontrar boas maneiras de não perdê-lo.

Ajeite-se na poltrona, pegue a sua pipoca e guaraná e embarque comigo nessa viagem fascinante rumo ao mundo encantado das ações...

Introdução

> *"Quantos milionários você conhece que viraram ricos investindo em caderneta de poupança? Caso encerrado."*
>
> Robert G. Allen

Por que investir em ações?

Ser sócio de excelentes empresas e fazer parte de grandes empreendimentos pode ser mais fácil do que você imagina e está ao alcance de todos. Para comprar parte de uma empresa, basta separar uma parte de seu salário ou de suas economias, abrir uma conta em uma corretora e comprar ações de boas empresas. Simples assim.

Não é necessário compreender fórmulas complicadas, nem ter doutorado em Harvard, basta saber multiplicar e dividir e conseguir ler um balanço patrimonial. Ao comprar uma ação você lança uma semente no solo. Para que essa semente germine, cresça e dê frutos, o solo precisará estar preparado. Evidentemente, uma boa dose de paciência será de grande ajuda para que não desanime com os anos ruins, de pouca chuva e com as tempestades e tormentas que se seguirão.

É preciso ter disciplina para estudar e conhecer a fundo empresas e os seus negócios da mesma forma como você estuda a vizinhança e as fundações da casa que você escolheu para morar. É preciso ter sabedoria e autocontrole para não ceder aos impulsos e se desfazer de posições antes do tempo, antes que a árvore possa te proporcionar os seus proventos e toda a sua exuberância.

E quando pensar em bolsa de valores, não pense em apostas, loterias, cassino, engravatados sisudos e tensos seguindo gráficos em uma tela de computador ou coisas do gênero, pois isso não corresponde de forma alguma à realidade. É preciso pensar na bolsa de valores como um lugar de oportunidades, um imenso campo de exploração, onde se escondem veios de ouro e diamantes, esperando alguém que os encontre e acredite em seu potencial.

Meu intuito ao escrever este livro é ensinar e ajudar o investidor que está tentando dar os seus primeiros passos no mercado acionário, para que possa andar por conta própria, criar a sua massa crítica e capacidade de análise e, por fim, para que possa escolher as melhores empresas para compor o seu portfólio, sem depender de analistas ou experts no assunto.

Mais do que isso, quero instigar no leitor a vontade de se associar a empresas e seus respectivos projetos que poderão proporcionar ótimos retornos num futuro próximo.

Figura 1: diagrama do crescimento de uma árvore em analogia
ao crescimento de seu patrimônio em ações. A árvore ilustra
a sua participação em uma empresa ("ação") e os frutos
os dividendos que ela pode proporcionar no futuro.

Considero vital cultivar uma cultura de investimento de longo prazo, com foco na construção de uma carteira previdenciária. Só assim você poderá se tornar realmente independentes financeiramente e desfrutar de uma renda que garanta uma vida confortável no futuro.

Acredito que uma das melhores formas de se gerar patrimônio e renda passiva seja tornar-se sócio de boas empresas. Para tanto, não vejo outra forma melhor do que através da aquisição de ações na bolsa.

Com o declínio da taxa de juros e a criação de um ambiente de negócios saudável para os empreendimentos, o lucro das empresas de capital aberto tende a aumentar e, com ele, o valor gerado aos acionistas. Com uma Taxa Selic baixa – no momento que escrevo (março de 2020) a Selic situa-se no patamar de 3,75% – muitos dos retornos gerados pelos investimentos em renda fixa mal cobrem a inflação e, quando conseguem, pagam um prêmio irrisório, incapaz de produzir no futuro um patrimônio suficiente ao investidor.

Um título de CDB, por exemplo, que pague 100% da Selic, renderá, ao final de três anos, aproximadamente 11,68%. Se considerarmos a taxa de inflação atual de 3,5% ao ano, teremos um retorno real, ao término do ano, de 0,72%. Se rentabilizado por um período maior – de 5 anos, por exemplo – renderia míseros 1,21% de ganho real.

Além disso, no vencimento, um título de renda fixa devolverá ao detentor um principal, mais uma correção ou prêmio, previamente conhecido no momento da aquisição. No vencimento, pois títulos de renda fixa têm um prazo de vencimento, não proporcionará mais nenhum tipo de renda passiva ao seu detentor. Durante o período em que o investidor permanecer com o título, não lhe será concedido nenhum tipo de provento ou renda adicional.

Por outro lado, um título acionário não expira, não contém uma data de vencimento. Caso compre uma ação, você receberá periodicamente parte dos lucros que a empresa gera em suas operações e, enquanto você mantiver o papel em sua carteira, ele permanecerá em sua posse. Além disso, caso a empresa cresça, a cotação deste papel tende a subir e, quando você se desfizer de suas ações, você poderá vendê-las por um preço muito maior do que o valor do principal.

É comum a cotação de uma ação dobrar, triplicar ou mesmo atingir valores muitas vezes maiores que o seu valor original no momento de compra. Na verdade, não existe um limite para o aumento no valor de uma cota acionária. Ao mesmo tempo, o máximo que você poderá ter como perda, ou prejuízo, é o próprio valor da ação caso a empresa venha a falir.

Contudo, o mercado de ações, tanto no Brasil como no resto do mundo, não proporciona garantia de alta rentabilidade ou uma rentabilidade 100% assegurada. Isso porque, quando compramos ações, na verdade estamos comprando pedaços de empresas ou, em última instância, estamos comprando projetos que, como quaisquer outros empreendimentos dependem de comportamento humano, gestão de pessoas, alocação correta de recursos e fatores externos aos quais não se tem controle e, por todos estes motivos, podem naufragar e perder o rumo. Entretanto, em média, e especialmente quando nos referimos a boas empresas, rentáveis e em setores perenes, existe uma natural proteção inflacionária no longo prazo.

Basta analisarmos o desempenho dos mercados de ações no Brasil e no mundo para constatarmos que a tendência, com o tempo, é que os preços das ações sejam corrigidos acima da inflação. Podemos observar, na figura 2 a seguir, extraída do livro Stocks for the long run, de Jeremy Siegel, que as ações bateram a inflação por larga margem, de forma generalizada ao redor do mundo, quando consideramos períodos maiores de investimento.

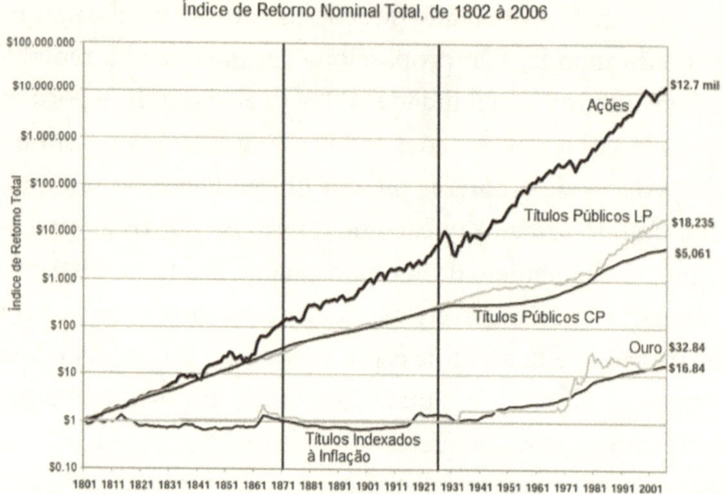

Figura 2: Retorno nominal de vários ativos, de 1802 a dezembro de 2006. Fonte: SIEGEL, 1994, p.77.

Como Siegel aponta em Stocks for the long run, "nem ações, nem títulos, nem ouro são boas proteções contra a inflação no curto prazo" (SIEGEL, 1994, p. 221). No longo prazo, no entanto – e entenda longo prazo como sendo um período maior de 10 anos pelo menos – "o retorno real em ações são virtualmente não afetados pela taxa de inflação." (SIEGEL, 1994, 221). A razão para isso é que as ações estão diretamente atreladas aos lucros de bens reais cujo valor está intrinsecamente relacionado ao trabalho e ao capital em si. Observe no gráfico da figura 3 que o retorno do investimento em ações superou com folga o investimento em títulos nos últimos 100 anos em diversos mercados acionários no mundo todo.

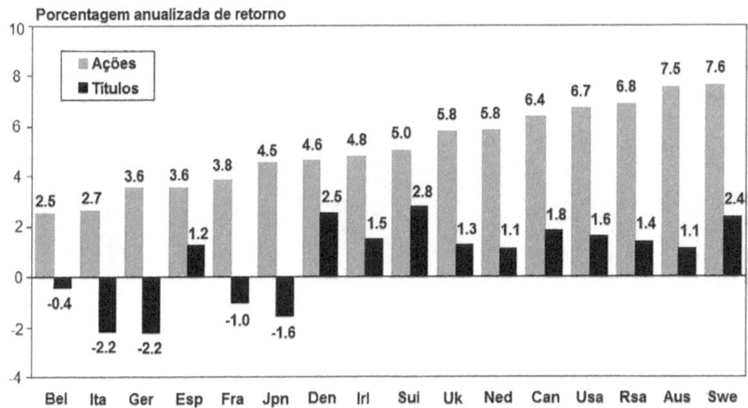

Figura 3: Retorno real dos títulos (bonds) versus retorno real de ações para vários mercados acionários no mundo no período de 1900 a 2000. Mercados (esq.-dir.): Bélgica, Itália, Alemanha, Espanha, França, Japão, Dinamarca, Irlanda, Suíça, Reino Unido, Países Baixos, Canadá, Estados Unidos, África do Sul, Austrália e Suécia. Fonte: DIMSON, 2002.

Setores menos cíclicos e que tem uma demanda mais uniforme de produtos geralmente conseguem reajustar os preços em linha com o aumento dos custos de produção ou até mesmo acima deles. Obviamente, empresas mal administradas, com baixa produtividade e rentabilidade não irão entregar retornos acima da inflação mesmo porque não terão condições de se manter competitivas ao longo do tempo.

De acordo com o livro de Elroy Dimson, O Triunfo dos Otimistas, o retorno médio dos maiores e mais importante mercados acionários globais ficou bem acima da inflação, em torno de 5 a 6% de retorno anual acima da inflação, como pode ser observado no gráfico da figura 4.

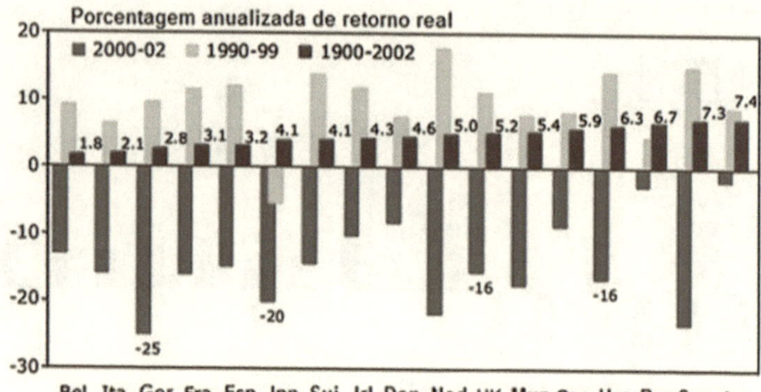

Figura 4: Retorno real anualizado dos principais mercados acionários do mundo em três intervalos de tempo: a) 2000-2002; b) 1990-1999; c) 1900-2002. Mercados (esq.-dir.): Bélgica, Itália, Alemanha, França, Espanha, Japão, Suiça, Irlanda, Dinamarca, Países Baixos, Reino Unido, Estados Unidos, África do Sul, Suécia e Austrália. Fonte: DIMSON, 2002.

De uma forma geral, investir em empresas através da aquisição das suas ações tende a ser uma boa maneira do investidor se proteger da inflação no longo prazo. Aqui no Brasil, em particular, a rentabilidade média anual em termos históricos – já ajustada pela inflação, ficou em aproximadamente 7%, apresentando também o padrão de proteção inflacionária global. As efemérides de curto prazo, evidentemente, farão com que o desempenho acionário fique prejudicado e, neste caso, falar em proteção inflacionária não seria uma realidade. Porém, se olharmos para prazos mais longos, é inequívoco que ela esteja presente.

Com uma carteira de ações diversificada, contendo ações de empresas de setores perenes, vantagens competitivas, boas margens e rentabilidade, a tendência é de que quanto mais tempo você permanecer no jogo, menor será a chance de ter perdas em relação à inflação e aos outros tipos de investimento.

Além disso, as ações – ao contrário de títulos de renda fixa – são capazes de proporcionar um fluxo de renda que não cessa ao término de um prazo pré-estabelecido. As ações não possuem, por natureza própria, um retorno constante e conhecido já que, a princípio, o ganho pode ser ilimitado. Veja no gráfico da figura 5 o desempenho no período de 2011 a 2020 de uma ação da varejista Magazine Luiza.

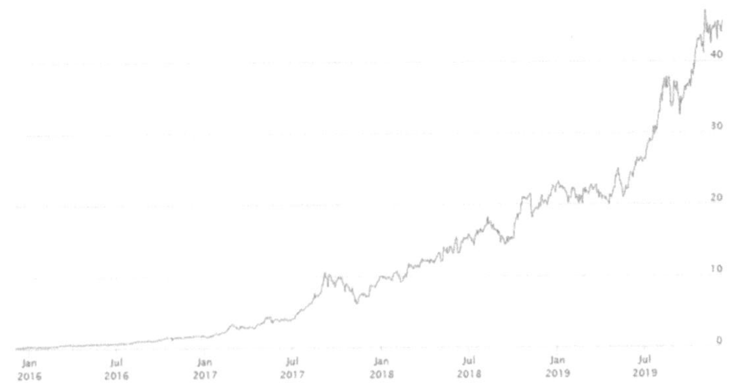

Figura 5: Gráfico do desempenho de uma ação do
Magazine Luiza (mglu3) no período de 2011-2020.
Fonte: http://www.fundamentus.com.br

O investidor que comprou uma ação do Magazine Luiza em 04 de dezembro de 2015 e manteve esta ação por quatro anos em sua carteira – até 4 de dezembro de 2019 – aumentou o seu patrimônio 367 vezes, ou seja, teve um retorno de incríveis 36700%, o que seria impossível de obter na renda fixa.

No capítulo seguinte, adentro ainda mais no vasto e fascinante mundo do mercado de ações – ou melhor, das empresas e seus projetos. Apresento alguns conceitos importantes para que o amigo leitor saiba, de fato, como reduzir os riscos associados ao investimento em ações. Aproveito também para introduzir alguns dos vieses de comportamento que julgo nocivos para todo e qualquer investidor em ações que queira ser bem-sucedido no longo prazo.

Capítulo 1

> *"Tudo deve ser feito o mais simples possível, mas não o mais simples."*
>
> Albert Einstein.

Imagine o seguinte diálogo hipotético entre o Senhor X, um senhor de meia-idade que acumulou uma quantia ao longo da vida, fruto de anos de trabalho, com a sua amiga e vizinha, a Senhora Y:

Senhor X: Meu dinheiro está 100% em renda fixa. Coloquei tudo lá no CDB do banco que o gerente me indicou. Estou tranquilo!

Senhora Y: Uai, mas deu no noticiário, a Taxa Selic caiu de novo! Tá em 4,5% ao ano. Seu CDB não tá pagando nada...

Senhor X: Sim, mas pelo menos tô seguro. Até porque eu não entendo nada mesmo dessa coisa de bolsa de valores. Isso é coisa de especulador que gosta de jogatina...

Senhora Y: Imagina, o Ciclano amigo meu começou a mexer com bolsa ano passado e já lucrou um bom dinheiro, viu!?

Senhor X: Olha, por mim, eu deixava tudo na poupança mesmo e pronto. Não tenho paciência para ficar mexendo com essas coisas...

Senhora Y: Olha, acho que o senhor devia fazer uma fezinha na bolsa hein...
Senhor X: Deixa isso pra lá. Melhor eu jogar na loteria, isso sim!

A conversa acima esclarece como o brasileiro pensa, ou pensava, sobre investimentos e, mais especificamente, sobre bolsa de valores de uma maneira geral. Vivemos em um país onde a maioria absoluta da população ainda acha que bolsa de valores é sinônimo de cassino, jogatina ou algo do gênero. As pessoas não acreditam, de forma alguma, que a bolsa de valores é um local onde podemos nos tornar sócios ou até mesmo donos de empresas grandes e lucrativas.

Imagine se tornar sócio de uma mineradora, de uma construtora, de um banco ou até mesmo da própria bolsa de valores? Não seria maravilhoso? Tudo isso é possível bastando, para tanto, adquirir pequenas porções dessas empresas, que são representadas pelas suas ações, negociadas na bolsa de valores.

O brasileiro médio, representado pelo Senhor X no diálogo anterior, considera o investimento em bolsa arriscado. Entretanto, sob a minha perspectiva, a bolsa de valores no Brasil não se trata de um mercado de risco, mas sim de oportunidades.

Para encontrar tais oportunidades é necessário muito estudo e conhecimento, bem como para saber selecionar as melhores possibilidades de investimento que se materializam na forma de ações de boas empresas, com crescimento constante de lucros e consequentemente dos proventos que são distribuídos aos acionistas. Além disso, é importante definir o conceito de risco, e principalmente risco no contexto financeiro do mercado de capitais.

Quando falamos de risco estamos, na verdade, falando das probabilidades de que alguma variável ou incerteza tenha impacto no retorno esperado de um investimento. Podemos dizer que o risco está, dessa forma, diretamente relacionado à previsibilidade do retorno da aplicação.

Existem diversos tipos de risco associados ao investimento em ações, porém os dois principais riscos a que um investidor está exposto ao aplicar seu dinheiro em uma carteira de ações são o risco sistêmico e o risco não sistêmico (ver figura 6).

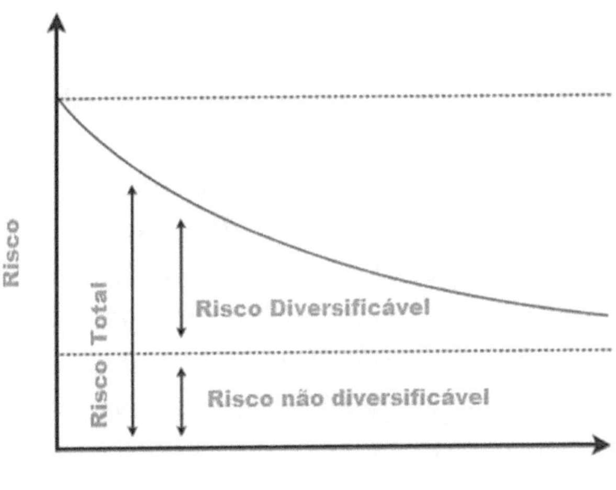

Figura 6: A redução do risco pela diversificação. Risco de Mercado vs. Risco Diversificável e sua relação com o risco total de um portfólio. Fonte: ASSAF NETO, 2001, p.273

Tal conceituação decorre primordialmente da teoria de Markowitz sobre análise de riscos e retorno de ativos

(MARKOWITZ, 1952). Podemos dizer que foi Harry Markowitz quem inicialmente formulou matematicamente a máxima de "não colocar todos os ovos em uma única cesta" e a trouxe para o contexto de mercado financeiro. Basicamente, este autor afirma que devemos levar em consideração a diversificação do risco na construção de portfólios ou carteiras, e que é possível construir uma série de portfólios, nos mais variados níveis de retorno exigidos, que sejam otimizados para a redução do risco.

Nos parágrafos seguintes veremos uma breve conceituação dos dois tipos mais relevantes de risco aos quais o investidor está exposto no mercado de ações.

Risco Sistemático ou de Mercado

O risco sistemático – também chamado de risco de mercado – está diretamente relacionado a eventos macro e microeconômicos que afetam o mercado de maneira geral. Aumento da taxa de juros, desempenho da balança comercial, inflação e aumento da taxa cambial são exemplos desse tipo de risco. Por atingir o sistema (mercado) como um todo, não é possível minimizar o risco através da diversificação da sua carteira de ativos.

Para exemplificarmos, imagine que você possua ações da Petrobras S.A., e que em um determinado momento está apresentando um desempenho muito bom por conta do preço do barril, que está num patamar elevado. Agora suponha que ocorra um evento externo, tal como uma guerra em algum país produtor de petróleo no Oriente Médio ou coisa do gênero que afete o mercado de petróleo como um todo e, consequentemente, os preços do barril de petróleo no mercado mundial. Nesse caso as ações da Petrobras seriam afetadas mesmo que essa empresa tenha boa perspectiva futura. Isso ocorreria porque a situação descrita (ameaça de guerra em país produtor de petróleo) afetaria a oferta de barris de petróleo no mercado como um todo e consequentemente o preço do barril seria afetado. Deste modo, não seria possível encontrar uma aplicação alternativa que permitisse diversificar o risco de tal investimento.

Embora não exista uma bola de cristal capaz de prever com exatidão quando os chamados cisnes negros, ou seja, eventos extremos positivos ou negativos que afetam o mercado, irão acontecer ao redor do planeta, podemos ter em mente que, via de regra, boas empresas tendem a continuar boas e que na maioria das vezes o impacto é temporário. O preço irá cair ou subir, muitas das vezes, com grande intensidade após um acontecimento sistemático e isso é uma certeza.

Entretanto, a outra certeza é a de que para aqueles que exercitam o dom da paciência e do sangue-frio e se mantém firmes em sua estratégia de longo prazo, mantendo as suas ações e fazendo os aportes mensais, independentemente do que possa estar ocorrendo, a recompensa virá na forma de mais renda passiva acumulada ao longo dos anos.

Passado um período a cotação das empresas afetadas tende a recuperar o valor de antes da tempestade, pois o resultado operacional das empresas quase sempre não é atingido. Os preços no mercado acionário giram em torno de expectativas e de esperança de lucros futuros das empresas e quase sempre o investidor é movido pelas suas emoções e por seus vieses de comportamento, que não são de forma alguma um retrato fiel da saúde financeira dessas empresas. Assim, o que quero dizer é que mesmo ocorrendo um evento sistêmico o desempenho operacional das companhias na maioria das vezes não é impactado e, dessa forma, o preço, após certo tempo, tende ao seu ponto de equilíbrio.

Risco Não Sistemático ou Diversificável

O risco não sistemático, grosso modo, é o risco que pode ser eliminado ou minimizado por meio da diversificação da carteira e refere-se a uma empresa ou setor específico. Por exemplo: quando você compra ações de uma empresa do setor de energia você está sujeito à regulação do mercado pelo governo, que pode a qualquer momento impor uma nova regulamentação através de lei ou decreto. Isso pode ocasionar uma oscilação nas cotações das ações destas empresas.

Por outro lado, quando você compra uma ação do setor de celulose, por exemplo, você estará exposto ao mercado externo e à cotação do dólar em relação à moeda local (paridade cambial R\$/US\$): quando o dólar subir, o preço da tonelada da commodity em real tende a subir o que, por sua vez, eleva a cotação da ação.

Em ambos os casos, como não existe uma correlação explícita entre os dois setores, seria possível diminuir o risco de um possível abalo significativo em seu patrimônio através da compra de ações de ambas as empresas, pois quando uma dessas ações sofresse uma queda, o mesmo não necessariamente aconteceria com a outra ação da sua carteira.

Não existe um número mágico de ações que você precisa ter para minimizar o risco não sistemático. No entanto, especialistas sugerem uma carteira contendo no mínimo uma dezena de ativos, desde que de setores diferentes e descorrelacionados, para que se possa ter uma boa diversificação e minimizar o risco não sistemático já que o risco sistemático é imprevisível e impossível de se evitar.

É bem verdade que existem players no mercado financeiro que são contrários à diversificação excessiva e optam por concentrar as suas carteiras acionárias, como é o caso do Sr. Warren Buffett, por exemplo. Warren Buffett costuma mencionar que a diversificação é uma proteção contra a ignorância e só é necessária quando não se sabe o que se está fazendo e quando não se tem conhecimento suficiente sobre um determinado ativo ou setor.

Particularmente, enxergo esta estratégia como sendo arriscada para o investidor iniciante, ou que não tenha tempo suficiente nem capacidade para analisar a fundo os setores nem queira passar o resto da vida estudando e analisando uma determinada ação/empresa. Se você me perguntar, continuo afirmando que você deve, sim, diversificar seus investimentos.

Isso tudo que foi dito anteriormente sobre risco é a teoria tradicional mais comumente comentada no meio financeiro e basicamente o que ela faz, grosso modo, é associar retorno ao risco do ativo e ao conceito da diversificação do portfólio de ativos. Deste modo, para se minimizar o risco da sua carteira você teria de diversificar o portfólio, comprando ações de várias empresas, de preferência de setores distintos e, num sentido mais amplo, não investir apenas em ações e renda variável, mas investir também em ativos de renda fixa – tais como CDB, títulos do Tesouro, LCI, LCA etc. Caso queira minimizar ainda mais o risco e a volatilidade associada à sua carteira você deveria também ter recursos atrelados ao ouro, ao dólar e assim por diante.

Com certeza esse raciocínio é razoável e deveria servir como um norte a ser perseguido pelos investidores de forma geral. Porém, ao se pensar o risco, devemos ter em mente que muitas vezes o básico, o mais simples, é o mais indicado a se fazer.

Particularmente, tenho um conceito um pouco mais abrangente e baseado em bom senso acerca do risco ao se investir em ações: na minha perspectiva, o risco estaria muito mais relacionado ao ato de se comprar um ativo acima de seu valor intrínseco[1], ou seja, pagar caro demais por um ativo (ver figura abaixo).

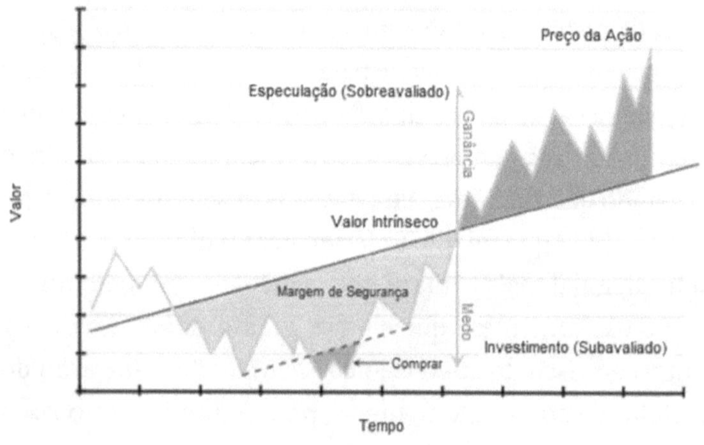

Figura 7: Valor intrínseco de uma ação. Fonte: Stock Bullets.

---

1 O termo refere-se ao valor real de um ativo e à capacidade que ele apresenta de crescer e gerar lucros futuros ao investidor.

No mercado acionário, assim como em qualquer negociação, as pessoas envolvidas na transação estão interessadas em pagar menos por mais e, dessa forma, aproveitar eventuais assimetrias de valor que possam estar presentes. Como exemplo, considere comprar uma propriedade avaliada em 100 mil reais por metade do preço. Isso seria o ideal a se buscar em qualquer negociação. O equivalente no mercado de ações seria comprar uma ação de uma empresa com valor patrimonial por ação de R$1,00 por R$0,50 centavos. A ideia é simples e soa bastante ingênua, porém muitos se esquecem disso ao entrar no mercado acionário.

O risco está diretamente relacionado ao fato de comprarmos ativos supervalorizados (risco negativo) ou subvalorizados (risco positivo) em relação ao seu valor real ou intrínseco. Na tabela abaixo listo os principais fatores capazes de elevar o risco associado a uma empresa.

Tabela 1: Fatores que aumentam o risco associado na compra de uma ação.

I. Ações supervalorizadas ou "caras". Por ex.: Alto P/L ou Alto P/VP.
II. Ações de empresas ruins, ou seja, empresas endividadas, com baixo ROE e/ou baixo crescimento nos lucros.
III. Ações de empresa que geram pouco caixa (Baixo EV/Ebitda, Baixo FCL).
IV. Ações de empresas sem nenhuma vantagem competitiva.
V. Ações de empresas lançadas em IPO (empresas recentes na bolsa).
VI. Ações de empresas que não valorizam o acionista minoritário.
VII. Ações de empresas que possuem remuneração da direção atrelada ao preço da ação em bolsa (bônus atrelados à cotação).

De maneira similar, podemos resumir os fatores capazes de reduzir o risco associado a uma ação ou empresa da seguinte forma:

Tabela 2: Fatores que diminuem o risco associado na compra de uma ação.

I. Ações de empresas geradoras de fluxo de caixa livre
II. Ações subvalorizadas ou "baratas". Por ex.: baixo P/L relativo, baixo P/VP ou baixo EV/Ebitda
III. Ações de boas empresas, ou seja, empresas lucrativas, com alto ROE e pouco endividadas.
IV. Ações de empresas com um fosso competitivo.
V. Ações de empresas com boa gestão e governança corporativa
VI. Ações de empresas de setores perenes.

Além desses pontos, podemos vislumbrar algumas atitudes e fatores que fazem diferença antes de sairmos às compras na bolsa:

- Conhecer bem o negócio da empresa.
- Conhecer o valor intrínseco dessa empresa através de um *valuation*[2] adequado.
- Saber projetar as possíveis alterações no *valuation* desta empresa, o mais corretamente possível, para os próximos anos.
- Comprar empresas que estão sendo vendidas com desconto (de preferência > 50%) em relação ao seu *valuation*.

---

2 O termo refere-se ao processo de se avaliar o valor de determinado ativo, financeiro ou real.

- Dar preferência a empresas que possuam em seus quadros de administração e gerência gestores honestos e capacitados.

Ao comprarmos ações de excelentes empresas, com projetos promissores e que atuam em setores perenes, estamos minimizando o risco associado. Por outro lado, se comprarmos ações de empresas endividadas, atuando em setores com forte concorrência, sem uma vantagem competitiva clara e estabelecida estamos incorrendo em risco crescente.

Além disso, fatores como comprar empresas recém-inseridas na bolsa, empresas com baixo desempenho operacional ou com baixo crescimento nos lucros também contribuem para aumentar o risco de um investimento acionário.

Capítulo 2

"Quando comprar ações, pergunte para si mesmo se compraria a empresa inteira."

Rene Rivkin.

"Você deve ver as ações como pequenas parcelas de uma empresa."

Warren Buffet.

"Atrás de toda ação há uma empresa; descubra o que ela faz."
Peter Lynch.

Podemos dizer que ações são títulos representativos de uma fração do valor das companhias ou sociedades anônimas. Assim sendo, podemos pensar uma ação como sendo um pedaço de uma empresa (ver figura 8).

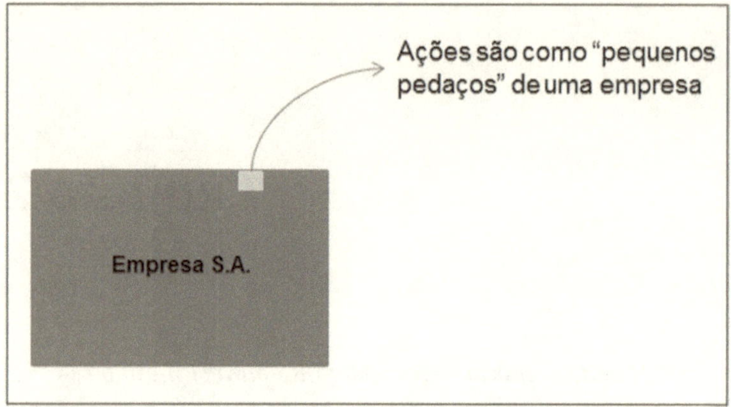

Figura 7: Ações como uma pequena parte
de uma empresa. Fonte: Autor.

Quando uma empresa pretende expandir o seu negócio ela necessita de capital para realizar esta expansão. Existem muitas formas de obter este capital: a) a empresa pode emitir debêntures ou títulos de sua dívida para terceiros e, neste caso, ela empresta dinheiro de quem comprar tais títulos e se capitaliza; ou b) a empresa pode juntar dinheiro dos sócios fundadores e desta forma aumentar o seu capital social. Considerando grandes empresas que demandam vultosas quantias para se escalar e crescer, isto é quase inviável. Além do mais, o sócio fundador teria de aplicar o seu próprio capital na empresa o que por si só é um entrave.

Sendo assim, uma das formas mais vantajosas e eficientes de se conseguir captar capital para crescimento é se transformando em uma empresa de capital aberto ofertando suas ações ou papéis no mercado, para obter desta forma os recursos necessários. Nesse caso trata-se do mercado primário de ações. Em geral a entrada da empresa no mercado primário se dá através de uma Oferta Pública Inicial – ou IPO, em inglês – que nada mais é do que o evento de oficialização do lançamento das ações em bolsa para que sejam negociadas entre os investidores.

Agindo desta maneira, qualquer pessoa que esteja devidamente registrada na bolsa de valores poderá adquirir estas ações e se tornar sócio da companhia. Os recursos obtidos quando da abertura de capital na bolsa (IPO[3]) podem ser utilizados para liquidar dívidas, realizar novas aquisições ou para investimentos em novos planos de negócios.

Após o IPO, as ações poderão ser compradas ou vendidas através do mercado secundário. A diferença entre os mercados primário e secundário é que no mercado primário o montante adquirido com a venda das ações vai para a empresa ou agente emissor, já no mercado secundário o dinheiro resultante da compra ou venda dos papéis irá ficar para os investidores envolvidos na transação e não para a empresa emissora (ver figura 8).

Para o investidor, o mercado acionário é uma das formas mais simples e vantajosas de se tornar sócio de uma empresa. Deste modo, ele poderá participar dos potenciais lucros futuros desta companhia, sem ter que tomar riscos como empreendedor num país onde, de acordo com o Instituto Brasileiro de Geografia e Estatística (IBGE) (IBGE, 2017), apenas 4 em cada 10 empresas sobrevivem aos cinco primeiros anos de vida e, dentre

---

3 IPO, em inglês *Initial Public Offering*, é uma sigla para Oferta Pública Inicial (ou OPI). É o processo pelo qual a empresa lança suas ações na bolsa de valores, tornando-se uma empresa de capital aberto.

aquelas que sobrevivem, apenas uma pequena fração é de fato lucrativa.

Figura 8: Ilustração do funcionamento do mercado primário e do mercado secundário de ações. Fonte: Autor.

Diferença entre ações ordinárias e preferenciais: em quais investir?

Podemos classificar as ações de empresas de várias maneiras. A mais comum é a separação entre ações do tipo ordinária (ON) e ações do tipo preferencial (PN). Resumidamente, podemos dizer que as ações ordinárias se diferenciam das preferenciais na medida em que dão direito a voto aos investidores para que possam eleger membros do conselho de administração. Geralmente, este tipo ação também confere ao acionista minoritário o direito de receber o mesmo que os diretores e acionistas majoritários da empresa em caso de uma eventual troca de controle da companhia – a isso damos o nome de tag along (explico o funcionamento desse mecanismo, em maiores detalhes, mais adiante).

Em outras palavras, caso a companhia seja vendida a outra empresa, ela dá aos acionistas detentores de ações do tipo ON a segurança de obter o mesmo valor pago aos membros da direção. Embora, idealmente, este mecanismo seja aplicado aos acionistas que possuem ações ordinárias, é comum eles também se estenderem aos detentores de ações do tipo PN.

As preferenciais, por sua vez, conferem o direito de recebimento antecipado dos lucros da companhia e, em algumas empresas, costumam pagar em torno de 10% a mais sobre o valor distribuído como proventos aos acionistas. Isso quer dizer que um detentor de uma ação preferencial, possivelmente receberá os proventos resultantes do ramo de atuação da empresa da qual é sócio antes dos acionistas que possuem ações ordinárias daquele mesmo negócio.

As ações na bolsa são referenciadas com 4 letras e um número, de tal forma que os papéis ordinários recebem ao final o número 3 e os preferenciais o número 4 – por exemplo: ITUB3, ITUB4, SHUL4, ABEV3 etc. Além destes dois tipos de ações supracitados, existem outras classes de ações menos utilizadas e que foram personalizadas segundo critérios próprios – sejam estes a distribuição de dividendos, a restrição quanto à posse de ações, a dimensão do poder de voto, entre outros. Por exemplo, determinada classe de ações preferenciais pode permitir uma quantidade maior de votos no conselho para um grupo de acionistas (como os funcionários da direção), enquanto outra classe de ações seria emitida para a maioria dos investidores detentores de um voto por ação.

Desta forma, as ações preferenciais podem se subdividir em ações preferenciais da classe A (PNAs), finalizando com código 5, e ações preferenciais da classe B (PNBs), com terminação 6. Exemplo: BRSR5 (Banrisul PNA), BRSR6 (Banrisul PNB), USIM5 (Usiminas PNA), ELET6 (Eletrobras PNB) etc.

As ações preferenciais e ordinárias podem ser agrupadas e, dessa forma, constituírem o que denominamos de UNIT. Dessa forma, as UNITs também conhecidas como Certificado de Depósito de Ações, representam um pacote de ações que são negociadas em bolsa e possuem uma codificação com quatro letras acrescidas da terminação "11". Por exemplo: TAEE11, SANB11 etc.[4]

Liquidez

Outro ponto a considerar quando da compra de uma ação é a sua liquidez. Caso uma empresa apresente um volume muito baixo de negociação ao longo do dia, você poderá ter dificuldades para comprar ou vender lotes maiores de ações dessa empresa. Em geral, as ações preferenciais são mais líquidas do que as ordinárias. Embora para a maioria dos investidores pessoa física na bolsa a liquidez não seja o fator mais relevante a se considerar, ele não deve ser ignorado. Existem diversas empresas – principalmente as menores, com baixa capitalização em bolsa, denominadas smallcaps – que pouco, ou quase nada, movimentam as suas ações ON em bolsa, apenas as PN ou as UNITs. É o

---

4 Para consultar a composição das UNITs, acesse o site da B3 acessível a partir de: http://www.b3.com.br/pt_br/market-data-e-indices/servicos-de-dados/market -data/consultas/mercado-a-vista/units/.

caso, por exemplo, das ações ON do banco ABC, do Banco Mercantil ou da Elektro.

Muitas empresas não disponibilizam as ações ordinárias no mercado, pois não querem que haja mudanças no controle acionário da empresa. Nesse caso, optam por colocar apenas as ações preferenciais ou as UNITS em circulação no mercado secundário. Por outro lado, as empresas que participam do segmento denominado "Novo Mercado", ofertam apenas as ações ordinárias em bolsa – como é o caso das ações da empresa EZTEC e da CardSystem. Existe também o grupo de empresas nas quais apenas as UNITs possuem alta liquidez como é o caso das ações da empresa AES Tietê e Taesa.

A liquidez está intimamente relacionada a outro indicador importante e que todo investidor consciente deve travar conhecimento, o free float. Mas, o que é esse tal de free float mesmo?

Free Float

Em linhas gerais, o termo free float é uma expressão em inglês para indicar a porcentagem de ações de uma empresa que está disponível para compra no mercado secundário. Portanto ela exclui os papéis que estão em tesouraria, os papéis nas mãos dos acionistas controladores, por pessoas a eles vinculadas e pelos administradores da companhia. O free float representa as ações livres e disponíveis para negociação em bolsa, o que geralmente exclui o percentual detido pelos acionistas estratégicos.

Para entender melhor o conceito, imagine que uma empresa tenha 100.000 ações. Deste total, 60.000 estão nas mãos dos acionistas majoritários e 5.000 em tesouraria. Assim, o free float dessa empresa seria de 35% – ou 35.000 ações – que estariam livres para compra e venda pelos investidores na bolsa de valores. Aqui no Brasil, e na maioria das bolsas ao redor do mundo, exige-se um percentual mínimo de 25% de free float nos segmentos especiais da bolsa, a fim de garantir liquidez, proteção e participação dos acionistas minoritários.

Mas porque indicadores como o free float e liquidez são importantes para o investidor em ações?

Muitas empresas abrem capital em bolsa e captam quantias no IPO, seja para alavancar os seus negócios, saldar dívidas com credores ou aumentar o caixa para eventuais aquisições. Porém, há casos nos quais essas empresas não estão interessadas em aumentar a base societária e não possuem preocupação com os acionistas minoritários. Para obter mais recursos junto ao mercado, sempre foi comum no Brasil a estratégia adotada por muitas empresas de lançar no mercado o maior número possível de ações preferenciais, sem que com isso os majoritários renunciassem ao controle. Mesmo entre empresas que possuem apenas ações do tipo ordinárias o free float pode ser muito baixo, como é o caso do Banco do Brasil, cujo free float não chega a 10% das ações desse tipo.

Outro fato interessante sobre este indicador é que podemos afirmar que existe uma correlação inversa entre a volatilidade e o free float de uma ação: via de regra, quanto menor o free float de uma empresa em bolsa, maior será a facilidade com que um investidor consegue manipular e influenciar o preço de mercado da ação. Quer dizer, quanto menos ações em circulação no mercado, maior a volatilidade que pode surgir quando são negociadas as ações dessa empresa. Assim, podemos dizer que um free float maior tende a diminuir a volatilidade e melhorar a liquidez das ações, além de ser benéfico no tocante à governança corporativa dessa empresa.

Tag Along

O investidor deve sempre se perguntar: em caso de troca de controle nesta empresa eu estarei assegurado? Em caso de venda do controle da empresa, o tag along obrigará o comprador a fazer aos acionistas minoritários a mesma oferta que foi apresentada aos acionistas majoritários ou aos controladores, em caso de negociações que envolvam a venda do controle da empresa.

Com o estabelecimento da lei das Sociedades Anônimas (Lei das S.A.), em 1976, o tag along foi apresentado como um mecanismo constituidor de uma cláusula societária muito importante, utilizada como instrumento de proteção dos acionistas minoritários. Com o advento do tag along, em caso de mudança no controle acionário da companhia, a companhia adquirente obrigatoriamente tem de realizar uma oferta pública para adquirir as ações ON que estão nas mãos dos acionistas minoritários por, no mínimo, 80% do valor pago às ações do grupo controlador. Na maioria dos casos, este valor mínimo chega a 100% do valor pago aos controladores. Por este mesmo motivo, as ações ON tendem a se valorizar muito mais do que as PN na hipótese de substituição de controle acionário.

É importante salientar que o tag along não constitui uma obrigação, mas um direito do sócio acionista. Ou seja, se o acionista não desejar alienar a sua participação na companhia, ele poderá fazê-lo. De qualquer modo, ressalto a relevância deste mecanismo, pois se constitui em uma barreira de segurança para os minoritários em caso de troca de controle da empresa e é um dos critérios-chave que o investidor deve ter em mente ao analisar uma empresa.

Qual tipo de ação devo escolher afinal?

Você deve estar se perguntando: "qual espécie de ação devo escolher afinal? Ordinária, preferencial, UNIT?". Trata-se de uma pergunta recorrente e muito importante. Cada empresa possui uma política própria e distinta em relação às ações que decide colocar no mercado. Em geral, para responder a esta pergunta você deve estar atento aos fatores abaixo:

- Liquidez
- Proporcionalidade na distribuição dos dividendos
- Desconto em valor de mercado
- Tag along
- Pensamento de sócio

Se as ações pagam dividendos equivalentes então escolha a que possui maior liquidez. Caso todos os tipos de papéis possuam a mesma liquidez, ou liquidez razoável e suficiente para que possa entrar e sair do papel caso necessite, então escolha a que possui o maior desconto no momento.

Muitas vezes uma espécie de ação está muito mais descontada em mercado do que as outras e, nesse caso, surge uma assimetria interessante que pode justificar a compra desse tipo de ação e não a do outro tipo.

Outro fator importante para sua consideração é a questão do tag along: verifique sempre se a ação tem tag along – pelo menos 80% – e escolha sempre a que possui este tipo de proteção. Como mencionado na seção anterior, o tag along permite uma maior proteção no caso de troca de controle da empresa.

Por último e não menos importante, dê preferência às ações ordinárias, pois somente com elas você se torna sócio efetivamente de uma empresa, podendo eventualmente tomar assento no conselho deliberativo da empresa caso possua uma quantidade expressiva de ações.

Como um exemplo deste tipo de raciocínio, observe que as ações preferenciais da empresa ITAÚ S.A. estão sendo vendidas atualmente (1º trimestre de 2020) com um desconto de mais de 15% em relação à cotação das ações ordinárias. As preferenciais pagam um dividend yield de 8,2% enquanto as ordinárias remuneram o acionista em 7,2%. Neste caso específico, como os dois tipos de ação possuem liquidez suficiente e conferem o direito de tag along ao seu detentor, não há razão plausível para escolher a ordinária, a menos que pretenda deter uma quantidade realmente expressiva de ações para que possa fazer parte do conselho de acionistas da empresa. Mas, para a maioria dos mortais que não possui uma vultosa quantidade em dinheiro para investir, esse tipo de pensamento não faz muito sentido. A escolha, neste caso, deve ser pela ação preferencial, já que o dividendo distribuído é consideravelmente mais relevante para esta escolha.

Importante mencionar que muitas empresas hoje em dia estão emitindo apenas ações do tipo ordinária para se adequarem às regras de governança corporativa e ascenderem ao novo mercado. Neste caso, não há o que escolher já que haverá somente um tipo de ação disponível no mercado para aquisição.

Entretanto, independentemente do tipo de ação que uma empresa coloca à disposição no mercado secundário para negociação, o fator que considero um divisor de águas para se tornar sócio ou não é se a empresa é uma boa empresa ou não. De nada adianta uma empresa participar do novo mercado, ter somente ações ordinárias com liquidez e tag along de 100%, se a empresa não for lucrativa, se não gerar caixa e não remunerar o acionista minoritário de forma adequada – seja através dos dividendos, recompra de ações ou qualquer outra mecanismo que possibilite a geração e entrega de valor.

Eventos corporativos que afetam a base acionária

» Grupamento

O grupamento de ações, ou inplit, consiste em juntar ou agrupar várias ações em apenas uma. Na maioria dos casos, isso ocorre quando a cotação da ação de uma empresa atinge valores muito baixos, elevando a sua volatilidade.

Nesse momento, qualquer movimento mais expressivo de compra ou venda de ações dessa empresa ocasiona grande variação no preço.

Na grande maioria das vezes, quando uma empresa realiza o grupamento é porque ela está enfrentando dificuldades e viu a sua cotação cair para níveis que induzem à especulação com seus papéis. A própria Bolsa de Valores possui determinadas regras para impedir que uma ação permaneça com cotações na casa dos centavos por muito tempo. A solução na maior parte dos casos é realizar o grupamento das ações para diminuir a volatilidade.

À guisa de exemplificação, se um acionista possuir 1.000 ações de determinada empresa a um preço de R$0,50 (cinquenta centavos) cada ação, então ele terá um investimento de R$500,00. Caso a companhia venha a realizar um grupamento na proporção de 10 para 1, este investidor passará a ter não mais as 1000 ações iniciais mas sim 100 ações (1000 ÷ 10) valendo R$5,00 (R$0,50 × 10) cada. Notem que o valor do investimento não se altera.

» Desdobramento

O evento de desdobramento, ou split, é o evento oposto do agrupamento e, portanto, ocorre quando uma empresa decide dividir uma ação em várias outras. Quando uma ação de determinada empresa alcança valores muito elevados, a sua liquidez na bolsa tende a cair. A empresa lança mão dessa estratégia com o intuito de aumentar a quantidade de papéis em circulação e facilitar assim a sua negociação.

Como exemplo podemos citar o caso em que o acionista possua 100 ações de determinada companhia que, em determinado momento, estão cotadas a R$200,00 cada. Para aumentar a liquidez, a administração dessa empresa decide realizar um desdobramento na proporção de 1 para 10. Após esta operação, o acionista passará a deter 1000 ações dessa companhia, que agora irão valer R$20,00 cada (R$200,00 ÷ 10). Percebam que assim como o grupamento esta operação não altera o valor do investimento do acionista.

» Bonificação

Existem várias maneiras de uma empresa remunerar a sua base de acionistas distribuindo os seus lucros. Entre os principais podemos citar as seguintes:

- Bonificação de ações
- Direito de subscrição
- Juros sobre o capital próprio
- Dividendos

Os dividendos e os juros sobre capital próprio correspondem a pagamentos em dinheiro efetuados através de depósitos bancários. Já a bonificação e o direito de subscrição equivalem a outros meios de recompensa ao acionista conforme veremos a seguir.

A bonificação, em particular, nada mais é do que o pagamento do lucro ao acionista na forma de ações. O acionista recebe uma quantidade de ações proporcional à quantidade de ações que ele já possui. Normalmente, o valor da bonificação diz respeito a uma parcela dos lucros da empresa que ficaram retidos ou incorporados na conta de reservas desta empresa.

Digamos que você possua 1.000 ações da empresa A. Em determinada data a empresa anuncia que irá realizar uma bonificação de 20% para os seus acionistas. Nesse caso, após a conclusão do processo de bonificação, o acionista deterá 1.200 ações dessa empresa que equivalem às 1.000 ações iniciais acrescidas de 200 ações (20% de 1000).

É importante salientar que a bonificação, assim como os dividendos, é descontada do preço da ação. Dessa forma se a ação da empresa A estivesse cotada a R$30,00 antes da bonificação então, ao final do processo, a sua cotação será ajustada para R$25,00, pois o patrimônio ou investimento do acionista não poderá sofrer nenhuma alteração. A expressão para o ajuste da cotação é a seguinte:

$$\text{Cotação ajustada} = \left[\frac{\text{Quantidade ações inicial} \times \text{Cotação inicial}}{\text{Quantidade total de ações após bonificação}}\right]$$

Substituindo os valores para o nosso exemplo ficaria assim:

$$\text{Cotação ajustada} = \left[\frac{1.000 \times R\$\,30,00}{1.200}\right] = R\$\,25,00$$

Desta forma a ação tende a diminuir de valor e, assim como o desdobramento, esta operação visa a aumentar a liquidez do papel e facilitar a sua negociação no mercado.

» Subscrição

Uma das formas de uma empresa se capitalizar e captar recursos para quitar dívidas, financiar o seu crescimento, realizar investimentos ou mesmo aumentar o seu caixa como forma de provisionamento é através da emissão de novas ações e este procedimento é denominado de subscrição, que consiste em realizar um aumento de capital social[5] através da emissão de novas ações.

Por exemplo: imagine que o capital social de uma empresa seja inicialmente de R$ 500 milhões. Se esta empresa decidir por realizar uma subscrição no valor de R$100 milhões, isso significa que a empresa procurará aumentar em 20% o seu capital social, emitindo uma quantidade de novas ações que equivale a 20% da quantidade de ações iniciais. Então, se você for acionista desta empresa por ter 100 ações, terá o direito de comprar mais 20 ações (20% de 100 ações) por um preço previamente estabelecido – que é normalmente menor do que o preço atual da ação – caso aceite participar da subscrição. A esta diferença entre a cotação atual da ação e a cotação estabelecida para a subscrição dá--se o nome de prêmio da subscrição.

O acionista tem a opção de não participar da subscrição e, nesse caso, poderá vender o direito de subscrição através da bolsa. Caso opte por não fazer nada e, dessa forma, não participar da subscrição, você verá a sua participação como acionista no capital social dessa empresa ser diluída proporcionalmente à razão do aumento de capital

---

5 Capital Social corresponde ao investimento inicial realizado pelos sócios ou acionistas para constituir uma empresa.

que é, neste caso, de 20%. Este direito à subscrição foi justamente criado para que os acionistas de uma empresa mantenham a proporção de participação na companhia, caso o aceitem, após a entrada de novos acionistas nesse processo de subscrição.

» Recompra de ações

Um instrumento bastante utilizado pelas empresas, principalmente em tempos de crise é a recompra de ações. Através dele, uma companhia adquire – geralmente com dinheiro do próprio caixa – uma parcela das suas próprias ações e as mantém em tesouraria. Trata-se de uma manobra interessante que pode ter consequências e interpretações diferentes por parte dos acionistas.

Caso a empresa opte por cancelar estas ações, ela reduzirá o número de ações em circulação e, portanto, diminuirá sua base acionária. Com menos ações em circulação, o lucro por ação será maior – isto é bom para os acionistas que mantiverem suas ações, pois o dividendo por ação aumentará.

Caso a empresa opte por manter as ações em tesouraria, ela poderá revendê-las mais à frente, quando o preço estiver em um nível mais elevado e, deste modo, obter algum lucro nesta operação que poderá ser distribuído entre os acionistas.

Ao recomprar as suas ações, retirando-as de circulação, o free float é reduzido assim como a liquidez dos papéis. Porém, nem sempre isso representa um grande problema, já que na maioria das vezes a quantidade de ações recompradas não representa mais do que 10% do número total de ações da companhia.

Muitas vezes uma empresa possui um programa de recompensa aos seus executivos com base na distribuição de ações da própria empresa. Nesse caso, ela pode realizar a recompra das suas ações para realizar bonificações em ações para os seus executivos. Este movimento também tende a ser visto como algo positivo, já que pode ser encarado como um incentivo aos gestores para que a empresa cresça e melhore os seus resultados futuros e, por consequência, as suas ações se valorizem.

Por outro lado, esse movimento de recompra de ações com dinheiro do próprio caixa também pode sinalizar ausência de oportunidades de aquisição ou investimentos com retorno adequado no mercado. Sempre há um risco embutido na recompra, pois a valorização futura das ações nem sempre é líquida. Nos Estados Unidos esta prática é muito mais comum do que aqui no Brasil – muito provavelmente devido ao fato de que naquele país uma alíquota de imposto de renda relativamente alta incide sobre os dividendos, ao passo que no Brasil, até o presente momento (início de 2020), os dividendos ainda não são taxados.

É interessante para o investidor saber quais empresas estão recomprando as suas próprias ações[6], pois como foi dito acima, pode ser um bom indicador de que a as ações da companhia estão sendo negociadas abaixo do valor que a própria

---

6 No Brasil, isso se pode saber através do site da Comissão de Valores Mobiliários (CVM), onde o investidor pode conferir quais empresas estão realizando ou pretendem realizar recompras de ações. Disponível em: <http://sistemas.cvm. gov.br/port/redir.asp?subpage=instrucao10> Acesso em: 05 set. 2020.

direção da empresa atribui às suas ações. Além disso, sinaliza solidez e confiança da diretoria em relação aos resultados futuros. A figura abaixo ilustra a forma como o acionista deve encarar, a princípio, os eventos listados anteriormente.

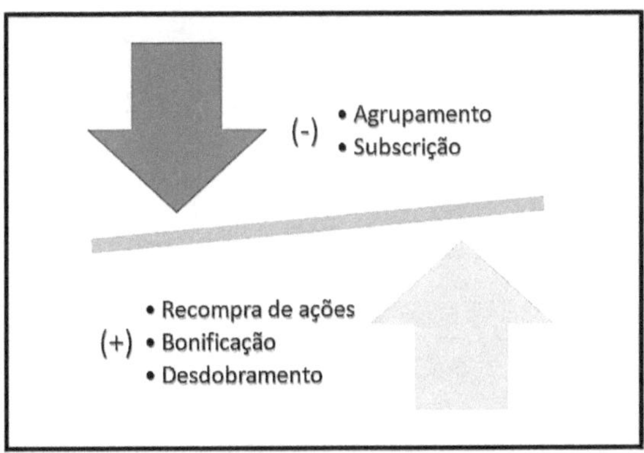

Figura 9: Eventos modificadores de base acionária e seu caráter positivo ou negativo. Fonte: Autor.

De uma maneira geral, devemos ficar atentos quando uma empresa anuncia que irá realizar uma subscrição ou um agrupamento, pois isso revela um sinal de fragilidade de resultados na maioria dos casos.

Por outro lado, quando uma empresa anuncia recompra de ações, bonificação ou desdobramento devemos encarar com bons olhos. Evidentemente, sempre existe a necessidade de realizar uma análise mais aprofundada – no entanto, esses sinais servem como indícios de que a empresa está no caminho correto. No capítulo seguinte iremos aprender uma forma de agrupar as empresas da bolsa em função do seu tamanho, segmento de atuação e comportamento em relação aos seus acionistas.

Capítulo 3

"O mercado serve apenas como ponto de referência para saber se alguém está prestes a fazer uma tolice. Quando investimos em ações, investimos em empresas."

Warren Buffet.

No mercado de capitais, você poderá obter ganhos tanto através da valorização da ação quanto através dos proventos pagos pelas empresas na forma de dividendos ou juros de capital próprio. O retorno total de seu investimento será a soma desses dois fatores.

Algumas empresas terão um foco maior em crescimento dos lucros e receita, enquanto outras priorizarão a distribuição dos lucros aos seus acionistas. Em ambos os casos o investidor poderá obter um retorno satisfatório para o seu capital. Porém, no primeiro caso, o retorno ocorrerá majoritariamente através da valorização da cotação do papel e, no segundo caso, o grosso do retorno virá dos dividendos repassados pela empresa aos acionistas.

Podemos dividir as companhias listadas na bolsa das mais variadas formas e gostos – seja pelo seu valor de mercado, pelo segmento em que atuam ou até mesmo pela forma com que procuram remunerar os seus sócios acionistas. No entanto, neste livro, apresento ao leitor uma adaptação da classificação empregada pelo investidor Peter Lynch em seu livro One Up on Wall Street (LYNCH, 1989), com algumas pequenas modificações autorais. Dito isto, podemos classificar as empresas basicamente em 6 grupos principais:

1) Empresas de crescimento
2) Empresas de dividendos
3) Empresas de valor
4) Empresas cíclicas
5) Smallcaps
6) Empresas em processo de recuperação (Turnaround)

Empresas de crescimento

Estas são as empresas que tomam para si os lucros auferidos pelo processo produtivo da empresa, reinvestindo-os na própria empresa – visando um crescimento orgânico, ou mesmo as que objetivam crescer através de aquisições e fusões com outras empresas e não têm, por via de regra, o hábito de distribuir e remunerar os acionistas com proventos generosos. Tais empresas possuem um baixo payout, ou seja, repartem apenas uma pequena parte dos lucros, ou do caixa, sob a forma de dividendos.

Historicamente, empresas que não distribuem os dividendos tendem a ser mais arriscadas justamente por se aventurarem em novas frentes de operação, muitas vezes através da diversificação e, desta forma, perderem o foco do seu negócio (core business).

É comum que empresas em estágios iniciais de evolução não distribuam seus lucros aos acionistas, já que necessitam deste capital para se expandirem e se tornarem escaláveis. O problema está justamente aí: neste ímpeto de crescer e aumentar de escala, muitas decisões erradas são tomadas, o que prejudica a continuidade das suas operações – às vezes de forma irreversível. Muitas dessas empresas vão à falência prematuramente, ficando pelo caminho.

Entretanto, da mesma forma que existe esta seleção natural, por assim dizer, das empresas de crescimento, aquelas poucas que conseguem sobreviver e ganhar escala, mantendo um bom ritmo de crescimento, conseguem muitas vezes auferir um retorno excelente aos acionistas. O problema é uma questão puramente estatística: em média, tais empresas são, sim, mais arriscadas. Porém, justamente por isso, possuem maior potencial de retorno, as vezes muito acima da média.

Tomemos como base as empresas do setor varejista e empresas dos setores de tecnologia. Podemos citar, aqui no Brasil, empresas como o Magazine Luiza, que não tem como foco distribuir os lucros na forma de dividendos, mas que, no entanto, tiveram uma valorização estratosférica entre os anos de 2016 e 2019. A figura a seguir demonstra o crescimento da receita desta empresa.

Para empresas com foco em crescimento, os múltiplos de P/L (ver explicação no capítulo 4) costumam ser maiores, justamente porque a expectativa em relação ao crescimento da receita e dos lucros é elevada. Os analistas financeiros que fazem a cobertura desse tipo de empresa aguardam ansiosamente a cada trimestre por um resultado igual ou acima do consenso de mercado. Quando isso não ocorre o resultado costuma ser uma queda acentuada nos papéis no dia seguinte à divulgação do balanço, razão pela qual o melhor momento para comprar ações deste tipo de empresa é precisamente nesses pontos onde ela se encontra desacreditada.

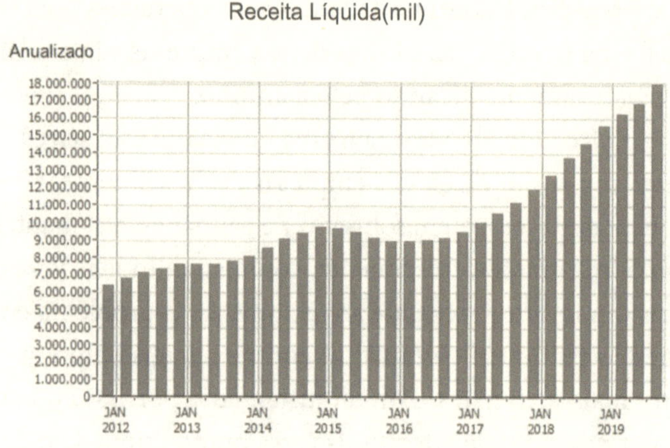

Figura 11: Crescimento da receita da empresa Magazine Luiza no período entre 2012 e 2019. Fonte: http://www.fundamentus.com.br.

Nos Estados Unidos, podemos citar como exemplo deste rol de empresas de crescimento as empresas do Vale do Silício. Entre elas podemos elencar o Google Inc., o Facebook e a Amazon que, usualmente, não costumam distribuir dividendos generosos aos sócios acionistas, mas souberam reinvestir os seus lucros de forma inteligente e multiplicar, por várias vezes, o patrimônio de quem comprou suas ações.

É justo dizer, também, que tais empresas possuem outro mecanismo de geração de valor aos seus parceiros: a recompra de ações. Conforme descrito no capítulo anterior, é através da recompra de ações para manutenção em tesouraria, por exemplo, que tais empresas conseguem retirar ações de circulação e, desta forma, aumentar proporcionalmente a participação do acionista na empresa, adicionando mais peso a cada ação. Para o acionista isso é vantajoso, pois o lucro por ação sobe, assim como o valor do dividendo por ação que for distribuído.

Empresas de Dividendos

O segundo grupo de empresas corresponde às empresas maduras, bem estabelecidas em seus setores, lucrativas na maior parte dos casos e que têm em si o DNA de distribuição generosa de dividendos possuindo, desta forma, um alto payout.

Estas empresas pagam mais dividendos aos acionistas por possuírem menor demanda por investimento. Dessa maneira o investimento em bens de capital (CAPEX[7]) pode ser mais baixo. Por possuírem tal característica, tais empresas muitas vezes distribuem 100% dos lucros aos acionistas. Isso pode induzir o leitor a pensar que, por possuírem este comportamento, tais empresas não poderiam crescer e ver a valorização de suas ações com o tempo – o que, na verdade, é uma falácia.

Na figura 12A podemos perceber que, mesmo distribuindo praticamente todo o seu lucro líquido aos acionistas, a receita líquida da empresa de transmissão elétrica TAESA S.A.

---

7 Por CAPEX, ou "capital expenditure", que é a sigla da expressão em inglês (em português, despesas de capital ou investimento em bens de capital) designamos o montante de dinheiro gasto com aquisição ou incorporação de melhorias de bens de capital de uma determinada empresa.

continuou numa trajetória ascendente assim como o seu Lucro Operacional (Ebitda). No médio e longo prazo a cotação de uma ação tende a seguir a curva de lucros da empresa, uma lei natural e bastante intuitiva e, para a TAESA, não poderia ser diferente como podemos observar na figura 12B abaixo.

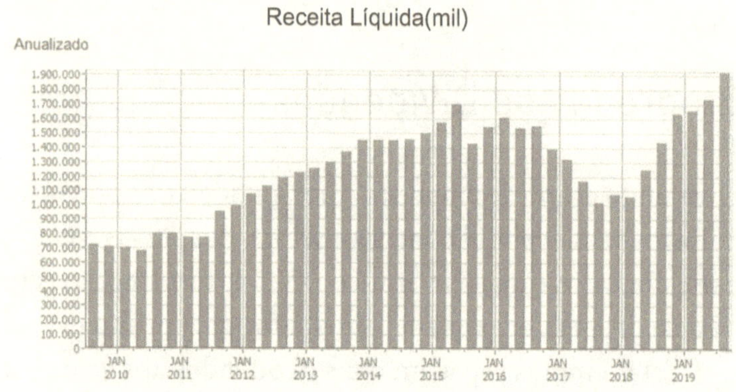

Figura 12A: Gráfico do crescimento da receita líquida da empresa de transmissão elétrica TAESA S.A. no período entre 2010 e 2019. Fonte: http://www.fundamentus.com.br.

Figura 12B: Gráfico da cotação para a empresa de transmissão elétrica TAESA S.A. (Unit) no período entre 2010 e 2019. Fonte: http://www.fundamentus.com.br.

Observe que a ação saltou de pouco mais de R$3,30 em junho de 2010 para mais de R$26,00 em setembro de 2019. Empresas com constância no pagamento de dividendos costumam ser companhias com boa geração de caixa livre e que podem, desta forma, destinar grande parte desse montante na forma de dividendos. Justamente por gerar muito caixa, elas podem distribuir 100% do seu lucro e ainda assim crescer através de aquisições, melhorias de processos internos ou mesmo levantando capital na bolsa, como podemos observar na figura 13.

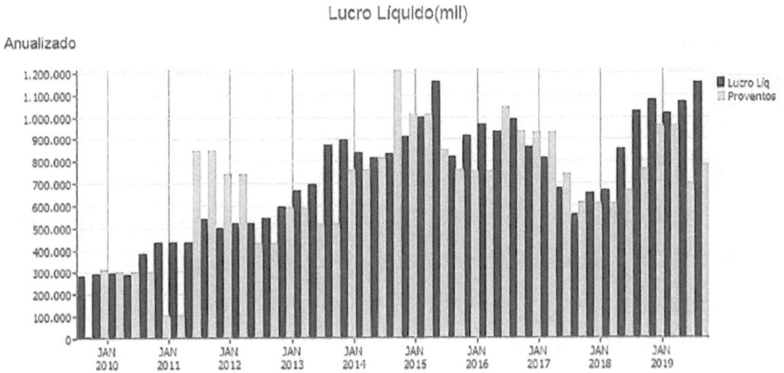

Figura 13: Gráfico do crescimento do lucro líquido e da distribuição de proventos da empresa de transmissão elétrica TAESA S.A. no período entre 2010 e 2019. Fonte: http://www.fundamentus.com.br.

Podemos citar como exemplo as empresas do setor elétrico TAESA S.A. e Transmissão Paulista e as empresas do setor de seguros BB Seguridade e Wiz Soluções S.A.

Empresas de valor

As empresas denominadas empresas de valor possuem como atributo a busca de um equilíbrio entre a retenção dos lucros e o pagamento dos proventos aos acionistas, procurando harmonizar o crescimento da receita com a remuneração dos seus sócios. Correspondem ao conjunto de companhias que apresentam uma taxa de crescimento intermediário, tentando conciliar o crescimento com a distribuição de proventos aos acionistas.

Em geral, estão em setores que demandam certo investimento – seja para crescer organicamente ou através de aquisições e fusões. Desta maneira, não podem se dar ao luxo de repassar aos acionistas todo, ou quase todo, o seu lucro líquido. Entretanto, por serem empresas lucrativas e que geram caixa, elas distribuem uma parte substancial dos seus lucros. Se elas crescerem e aumentarem o seu lucro, ao longo do tempo os proventos serão crescentes. O ideal em empresas deste tipo é que ocorra uma valorização por conta do crescimento do lucro operacional e um aumento progressivo do dividendo distribuído[8].

Mesmo sendo empresas maduras e que não possuem um crescimento muito vigoroso nos seus lucros, elas tendem a ser resilientes nas crises, não sofrendo grandes quedas nas suas cotações. Por possuírem bom fluxo de caixa e lastro patrimonial, geralmente conseguem crédito a taxas de juros reduzidas. Podemos citar como membros deste

---

8 Quando mencionamos dividendo nos referimos tanto aos dividendos quanto à modalidade de provento na forma de Juro sobre Capital Próprio distribuídos aos acionistas.

segmento a produtora e distribuidora de bebidas AMBEV, a empresa produtora de calçados Grendene S.A. (figura 14A) e a fabricante de carrocerias de ônibus Marcopolo S.A. (figura 14B).

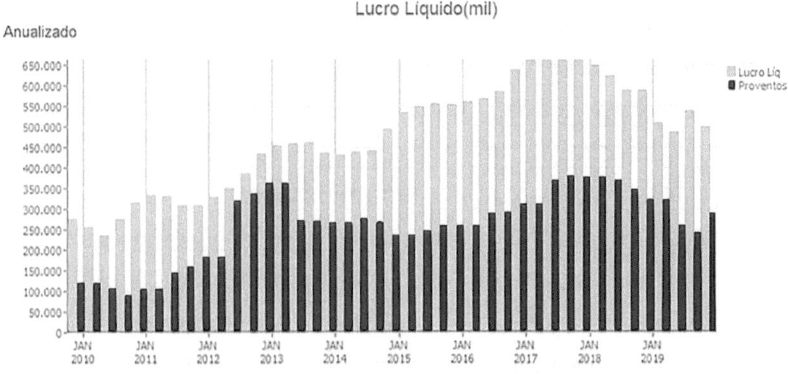

Figura 14A: Gráfico do lucro líquido e distribuição de dividendos da empresa Grendene no período de dezembro de 2009 a dezembro de 2019. Fonte: http://www.fundamentus.com.br.

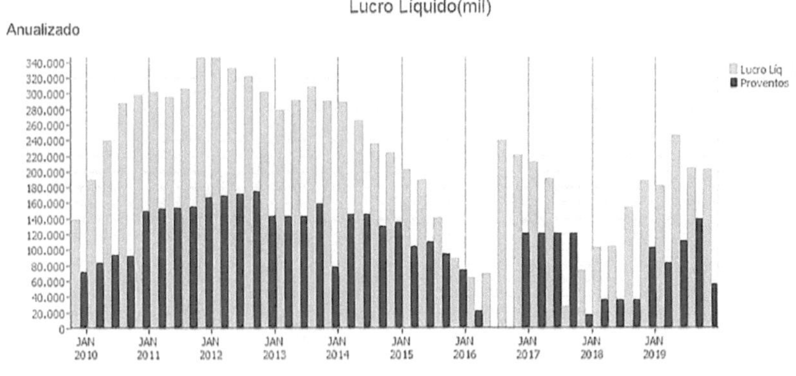

Figura 14B: Gráfico do lucro líquido e distribuição de dividendos da empresa Marcopolo no período de dezembro de 2009 a dezembro de 2019. Fonte: http://www.fundamentus.com.br.

Empresas Cíclicas

Nesse grupo estão as companhias que apresentam grandes oscilações em sua atividade operacional de acordo com as flutuações do ambiente macroeconômico. São denominadas empresas cíclicas, por apresentarem ciclos bem definidos de retração e expansão.

Geralmente, o grupo de empresas cíclicas está em setores ligados às commodities ou setores que possuem forte relação com os ciclos econômicos. Como exemplos de empresas ligadas às commodities temos as empresas de mineração e siderurgia, do setor petrolífero ou empresas produtoras de papel e celulose. No rol de empresas cíclicas podemos também listar as empresas do setor de construção civil. A figura 15 exibe um exemplo de resultado operacional (Ebitda) para uma empresa do setor de siderurgia.

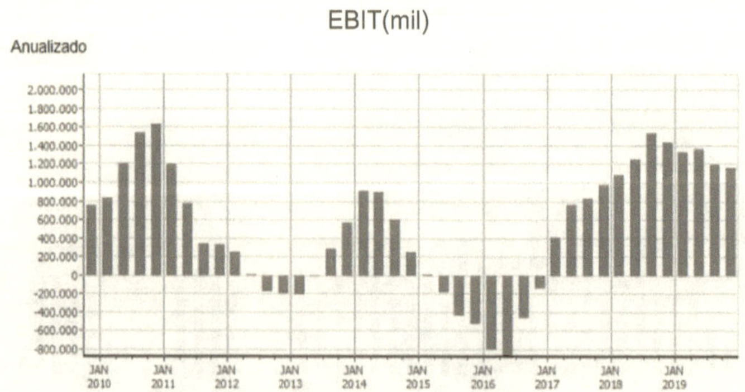

Figura 15: Resultado operacional de uma empresa cíclica no período de 2009 à 2019. O gráfico corresponde à Usiminas S.A., uma empresa do setor de Siderurgia. Fonte: http://www.fundamentus.com.br.

Conseguimos perceber claramente os picos e vales correspondendo aos booms e às recessões pelas quais o país passou nos últimos anos. Em geral, este tipo de companhia não consegue exercer um controle sobre os preços dos seus produtos comercializados e, mesmo quando consegue, a margem de manobra é bem restrita. Por esse motivo, elas ficam muito mais suscetíveis às intempéries decorrentes de fatores externos - como cenários macroeconômicos e eventos políticos.

Para avaliar empresas deste tipo, é necessário que o investidor tenha um conhecimento maior dos ciclos nos quais a empresa está envolvida e uma sensibilidade maior em relação ao ambiente macroeconômico. Trata-se um processo complexo em que a escolha da janela de tempo exerce um papel importante, assim como a aferição adequada do valor da empresa em determinado momento.

Em resumo, caso o leitor queira adicionar uma empresa cíclica ao seu portfólio de ações, isso deve ser feito em um momento em que a empresa esteja na mínima do ciclo e, caso queira carregar a empresa para o longo prazo, deverá estar ciente dos solavancos que provavelmente sofrerá no caminho.

Para exemplificarmos melhor, considere que o melhor momento dos últimos 20 anos para comprar uma ação da estatal Petrobras foi, muito provavelmente, em fevereiro de 2016 – período no qual a companhia enfrentava uma crise sem precedentes, uma tempestade perfeita, por assim dizer. A dívida havia crescido a níveis nunca vistos, por conta da queda do preço do barril de petróleo no mercado externo e problemas de gestão e ingerência política. No gráfico da figura 16 é possível perceber, também, o ciclo de alta que a empresa havia surfado alguns anos antes – por conta dos altos níveis de preço do barril no mercado internacional.

Figura 16: Cotação da ação preferencial (PN) da Petrobras no período de dezembro de 2009 a dezembro de 2019. Fonte: http://www.fundamentus.com.br.

A mineradora Vale do Rio Doce também possui esta característica de empresa cíclica, pois o seu desempenho depende, em grande parte, da cotação do minério de ferro no mercado internacional. Além disso, por exportar quase a totalidade dos seus produtos para o exterior ela também possui uma dependência em relação à paridade cambial (R$/US$).

Via de regra, se a moeda norte-americana se valoriza, essas empresas exportadoras incrementam as suas receitas e margens operacionais por receberem em dólar. O contrário também se observa quando o dólar se desvaloriza. Obviamente, a cotação do papel irá oscilar de acordo com essas duas variáveis principais: paridade cambial real/dólar e preço do minério de ferro.

No gráfico da figura 17 abaixo, percebemos o comportamento oscilatório da cotação e das margens operacionais da mineradora nos últimos 10 anos.

Percebemos que, assim como no caso da Petrobras, existem períodos do ciclo que são mais propícios à compra do papel e períodos em que o melhor a se fazer em relação a este tipo de empresa é apenas observar. No caso de empresas cíclicas, como não é possível prever com exatidão o que irá acontecer no cenário macroeconômico, uma estratégia possível é tomar como base a série histórica de receita e tentar predizer em que ponto do ciclo o preço do produto/commodity se encontra.

Caso esteja em seu ponto mínimo, a compra seria uma opção e, caso o produto ou commodity se encontre sobrevalorizado, a venda seria uma escolha mais acertada. Nem sempre é possível determinar com exatidão esse ponto, mas, na maioria dos casos, o ponto de mínima do ciclo é bem mais evidente e fácil de se indicar do que o pico.

Particularmente, sou um adepto da tese do buy and hold, que diz que o melhor a se fazer é escolher boas empresas e mantê-las em carteira enquanto os seus fundamentos ainda fizerem sentido. Porém, especificamente no caso de empresas cíclicas, esse procedimento muitas vezes pode implicar em períodos de perda que poderiam ser evitados. Nesse caso, o melhor se fazer é estudar o balanço e verificar se a empresa está sólida o suficiente em termos de caixa, endividamento e estrutura de capital para passar pelo período de turbulência e se sobressair em períodos de bonança.

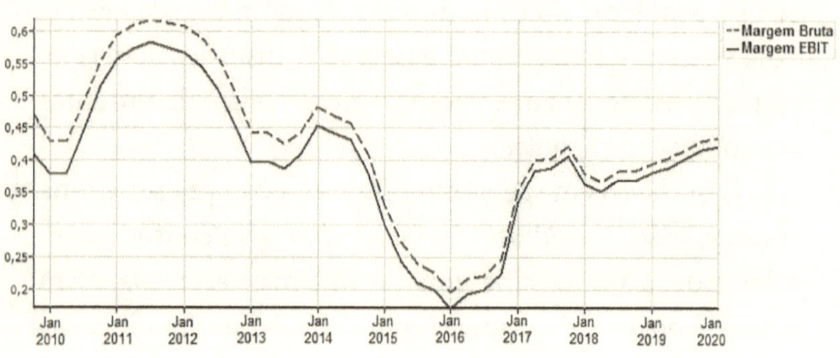

Figura 17: Cotação da ação ordinária (ON) da Vale do Rio Doce (sup.) e margens operacionais (inf.) no período de dezembro de 2009 a dezembro de 2019. Fonte: http://www.fundamentus.com.br.

Avaliar e selecionar uma empresa para compor um portfólio trata-se de um processo complexo, no qual é preciso conhecer as nuances e características dos setores e do instrumental analítico para tomada de decisão. É crucial ter sensibilidade e experiência para saber identificar as melhores janelas de oportunidade, principalmente quando estamos lidando com empresas cíclicas. O investidor precisará fazer a lição de casa e mensurar, com base no preço da commodity produzida pela companhia, se o fluxo futuro de lucros produzidos pela companhia será crescente ou decrescente.

É importante mencionar que, mesmo que as empresas cíclicas tenham essa natureza imprevisível e este comportamento pendular característico, o risco/retorno potencial poderá valer a pena caso se acerte o ponto de entrada no ciclo.

Smallcaps

As empresas da bolsa costumam ser categorizadas segundo a sua capitalização ou valor de mercado. Nesta categoria encontram-se as empresas com baixa capitalização e que são algumas vezes denominadas ações de segunda linha. As ações destas empresas possuem, usualmente, baixa liquidez na bolsa, o que contribui para gerar grandes oscilações nas suas cotações. Costumam ter grande potencial de valorização se forem bem administradas pois, apesar de mais voláteis, possuem um crescimento maior e mais rápido, justamente por serem menores.

Em períodos de Bull Market, em que o índice Bovespa bate recordes a cada semana, as ações smallcaps tendem a se sobressair e subir acima e mais rápido do que as demais. De modo inverso, em períodos de depressão, elas tendem a perder mais valor e de forma mais célere. Geralmente, as smallcaps possuem menor liquidez por serem, de certa maneira, ignoradas pelo radar dos analistas e grandes fundos de investimento. Os grandes fundos possuem bilhões sob sua gestão e são impedidos de investir em empresas com baixa capitalização – pois isso poderia alterar de forma abrupta as cotações destas empresas.

Entretanto, a baixa liquidez e a falta de interesse dos grandes fundos, das casas de análise e do mercado em geral por estas empresas pode gerar grandes assimetrias de valor, que podem se transformar em oportunidades para o investidor comum. Existem diversos estudos, principalmente nos Estados Unidos, relatando que, em média, as smallcaps tendem a entregar um retorno superior no longo prazo.

O gráfico a seguir ilustra um estudo realizado pelo Professor Kenneth French para o qual esta tese se provou verdadeira, pelo menos para o mercado de ações americano, no período de 1960 a 2014, no qual o estudo foi realizado. Embora não existam muitos estudos similares para o mercado brasileiro, é de se pressupor que tal resultado se repita por aqui também. Importante ressaltar que o estudo baseou-se em um conjunto razoavelmente grande de empresas e que, portanto, o resultado refere-se a um valor médio global. Evidentemente existirão muitas empresas de pequeno porte que tiveram desempenhos ruins ou muito ruins.

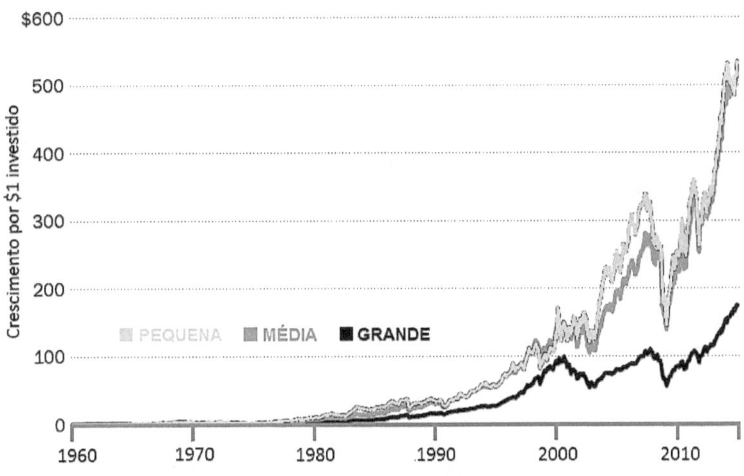

Figura 18: Evolução do retorno obtido em smallcaps em comparação a empresas de maior porte nos EUA, no período de 1960 a 2014. No período, as smallcaps norte-americanas entregaram um retorno anual médio de 12,1%, comparado com 12,0% para midcaps e 9,9% para largecaps. Fonte: FRENCH, K.R. Data Library. Disponível em: <mba.tuck.dartmouth.edu/pages/faculty/ken.french/data_library.html> Acesso em 5 set. 2020.

Na tabela abaixo apresento algumas das smallcaps da bolsa brasileira junto com seu valor de mercado em março de 2020.

Tabela 3: tabela com algumas *smallcaps* e valor de mercado:

Empresa	Valor de Mercado[9] (milhões de R$)	Taxa de crescimento anual (CAGR) nos últimos 5 anos
Sinqia	1615	24,14%
CVC	3312	22,80%
Schulz	1330	15,90%
WLM	739	17,7%
Grazziotin	653	4,3%
Movida	4755	29,6%

Fonte: http://www.fundamentus.com.br

Por ficarem fora do radar dos analistas e fundos mútuos de investimento, elas costumam apresentar assimetrias de valor, o que proporciona oportunidades de adquirir negócios com crescimento expressivo a preços muitas vezes abaixo do seu valor intrínseco.

Observemos o que aconteceu com a Grazziotin, uma empresa do setor de tecidos e vestuário: Podemos notar, no gráfico da figura 19, que ela ficou muito tempo esquecida pelo mercado, podendo suas ações ser compradas a preços módicos. A esta altura, os seus papéis possuíam pouca liquidez, no entanto, a companhia já crescia e se expandia de forma vigorosa e firme no sul do país.

---

[9] Dados relativos a 05 mar. 2020

Figura 19: Cotação da ação preferencial (PN) da companhia Grazziotin no período 2000-2020. Fonte: http://www.fundamentus.com.br.

As empresas costumam ser classificadas de acordo com o seu tamanho de mercado ou capitalização. É importante compreendermos esta divisão para que possamos tomar melhores decisões de investimento, pois, de acordo com o porte da empresa, as expectativas em relação aos lucros e crescimento da receita podem mudar consideravelmente. Além disso, muitos fundos de investimento tais como fundos de pensão, por exemplo, utilizam esta classificação para embasar os seus aportes na bolsa. Em geral, estes fundos possuem maiores posições em ações mais líquidas e de maior capitalização, de forma que as empresas menores tendem a ter menos liquidez conforme mencionado anteriormente.

Na tabela a seguir, elenco as definições aproximadas para a capitalização das companhias em bolsa junto com a sua nomenclatura correspondente e a sua correlação com outras variáveis de interesse para o investidor, tais como o grau de risco, a sua liquidez e o nível de pagamento de proventos ao acionista:

Tabela 4: Classificação de empresas de acordo com o valor de mercado.

Classificação/ Tipo	Valor de Mercado (R$)	Liquidez	Dividendos	Risco
Mega Cap	> 90 BI	Alto	Alto	Baixo
Big Cap	Até 90 BI	Alto	Médio	Baixo
Mid Cap	Até 45 BI	Alto	Médio	Médio
Small Cap	Até 9 BI	Médio	Médio	Médio
Micro Cap	Até 1,34 BI	Médio	Baixo	Alto
Nano Cap	Até 225 MI	Baixo	Baixo	Alto

Fonte: https://www.comoinvestir.thecap.com.br/small-caps/

É importante salientar que essas categorias não são fixas com relação ao valor de mercado, e nem tampouco o tamanho de uma empresa na bolsa deva ser um fator decisivo para embasar a decisão de compra de ações de uma empresa – uma vez que existem inúmeros outros indicadores mais importantes e relevantes para tomada de decisão. Para quem se interessar em adquirir smallcaps e não tem tempo e/ou a expertise necessária para analisar as empresas, é possível comprar o índice Small Cap (SMLL), que reúne ações e UNITs das mais variadas empresas de baixa capitalização na bolsa brasileira.

Na outra ponta da tabela de capitalização, podemos citar as ações denominadas blue chips. O termo "blue chip" ("ficha azul", em inglês) tem origem no jogo de poker e em outros jogos de azar no qual as fichas azuis são as de maior valor. Este termo é empregado para descrever ações com alta liquidez e grande volume de negociação em bolsa. As ações blue chip são ações de empresas grandes em todos os sentidos, reconhecidamente consolidadas, com alto valor de mercado e que geralmente costumam pagar bons dividendos aos seus acionistas. Em geral, são empresas que possuem risco mais baixo e menor volatilidade – embora isso nem sempre seja a mais pura verdade, já que muitas delas apresentam e apresentaram em seu passado grandes oscilações em valor e liquidez. Algumas características acentuadas de empresas cujas ações são consideradas blue chips são:

- Forte geração de caixa
- Boa relação com os acionistas
- Boa governança corporativa
- Distribuição de lucros
- Crescimento constante e moderado
- Alto valor de mercado
- Grande volume de negociação

Um exemplo é a Petrobrás, durante o período entre 2014 e 2016. Por serem muito maiores que as smallcaps, a chance de crescimento em ritmo acelerado por muito tempo é menor, até por uma questão lógico-matemática

Imagine por exemplo uma empresa do porte do Banco Itaú, por exemplo, que possui um valor de mercado de mais de 250 bilhões de reais. Caso este banco crescesse a um ritmo de 20%, que é um patamar típico de crescimento de uma empresa smallcap em início de operação, em menos de 10 anos o seu valor de mercado seria maior que o PIB de Portugal e, em 15 anos, seria equivalente à metade do PIB brasileiro, o que parece muito inverossímil.

Entretanto, apesar do baixo crescimento em relação às smallcaps, as blue chips também têm os seus atrativos e costumam pagar mais proventos aos seus acionistas remunerando-os de forma passiva ao longo do tempo.

Empresas em processo de recuperação (turnaround)

Grosso modo, pode-se dizer que dos seis grupos que elenquei, este é o grupo que, em tese, apresenta um risco maior. Empresas podem sofrer revezes e passar por dificuldades – seja por maus investimentos, projetos mal dimensionados, gestão ineficiente ou quaisquer outros problemas ao longo da sua existência. Muitas não conseguirão se recuperar e fecharão as portas. Contudo, algumas delas podem se reorganizar e ressurgir das cinzas por assim dizer.

Neste grupo de empresas estão catalogadas essas companhias em situação complicada. Uma simples olhadela nos números do balanço e fica fácil verificar que as coisas não vão bem, e que é preciso uma mudança nos rumos para se acertar novamente. Como exemplo de empresas pertencentes a esta categoria, podemos citar a operadora de telefonia Oi S.A., a fabricante de telhas de fibrocimento Eternit S.A., a livraria Saraiva, a empresa de energia renovável Renova S.A. e a construtora Rossi Residencial. Na figura 20 podemos notar a situação delicada em que a Renova se encontra. Podemos observar que a receita caiu de forma acentuada e, consequentemente, o lucro operacional (Ebitda) tem ficado no vermelho por vários trimestres.

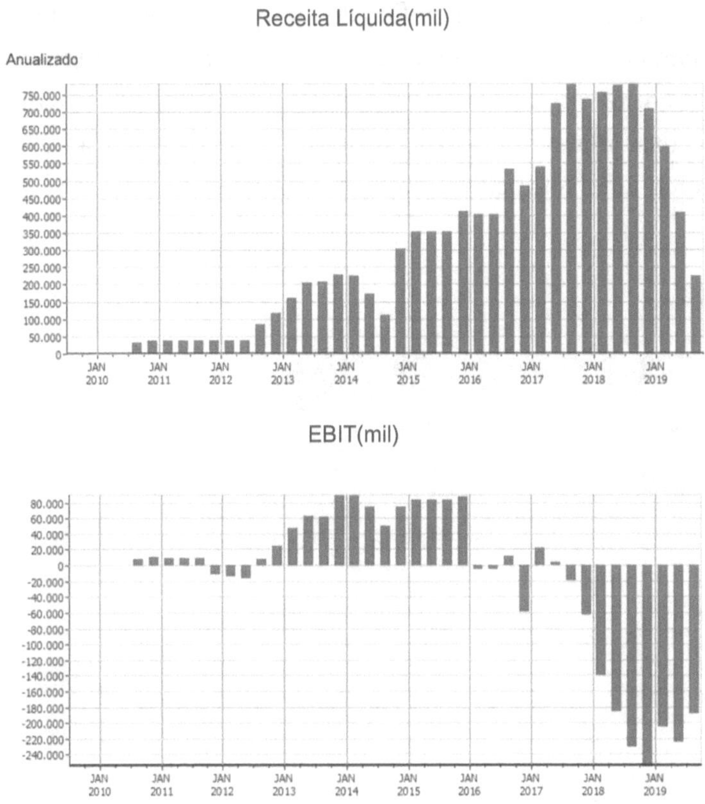

Figura 20: Receita Líquida (superior) e lucro operacional (Ebitda) (inferior) para a empresa Renova S.A. no período de 2010 a 2019.
Fonte: http://www.fundamentus.com.br.

Percebemos que, mesmo antes da queda nas receitas líquidas, quando a receita ainda estava em elevação, o seu lucro operacional não acompanhou este movimento, o que demonstra claramente um desarranjo nas engrenagens da companhia.

Adiante vemos o gráfico do lucro líquido e do resultado operacional anualizado para a empresa Oi S.A., que se encontra em recuperação judicial e, neste momento, está tentando realizar o assim chamado turnaround, para voltar à ativa e voltar a ser competitiva no segmento em que atua.

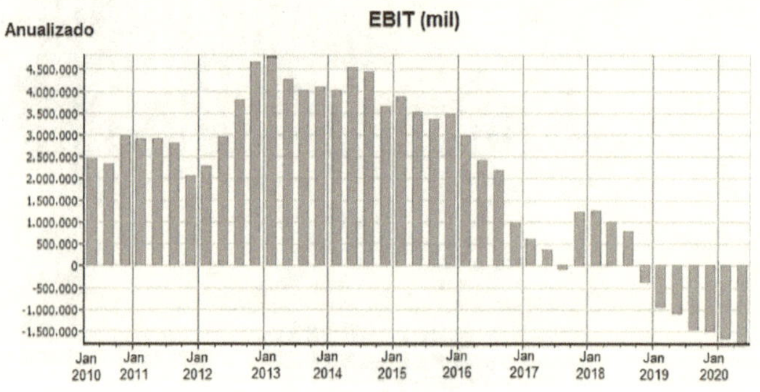

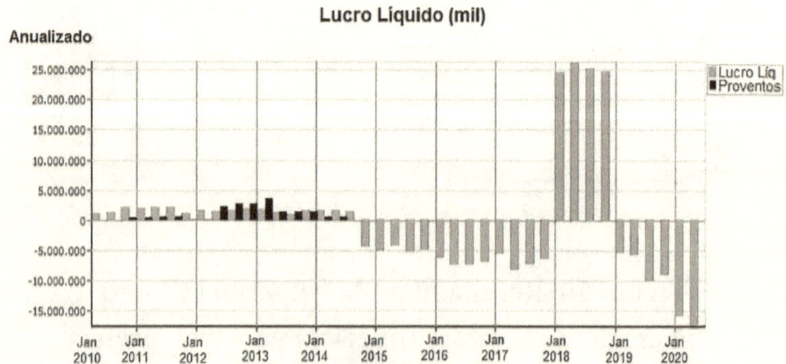

Figura 21: Declínio do Ebit (superior) e do lucro líquido (inferior) para a empresa Oi no período de 2010 a 2019. Fonte: http://fundamentus.com.br.

Fica claro para o leitor que investir neste tipo de empresa demanda um grau elevado de conhecimento acerca dos ativos da companhia, dos planos estratégicos para recuperação que estão sendo traçados e, também, do potencial de ganho que se terá caso a empresa volte aos trilhos novamente.

Para empresas deste grupo, a avaliação do valor intrínseco da ação é importante para se ter ideia do desconto oferecido pelo mercado – pelo fato dela estar em situação delicada. O que procuramos aqui seriam as "bitucas de cigarro", denominação cunhada por Benjamin Graham, para nomear as empresas sendo vendidas ou liquidadas por um preço abaixo do seu valor patrimonial ou dos seus ativos líquidos.

O investidor disposto a alocar dinheiro em ações de empresas em processo de recuperação deve levar em consideração, também, o fator tempo, já que para uma empresa nessas condições lograr dar a volta por cima e retornar ao patamar de lucratividade e geração de caixa líquido positivo, poderão se passar anos ou até mesmo decadas... Há que se ter uma alta dose de paciência tendo em vista que o processo de recuperação é geralmente lento e não-linear.

De toda forma, quanto mais árdua e dura a caminhada, maior costuma ser a recompensa na chegada. Se olharmos a curva do lucro operacional (Ebit) da Vulcabrás depois de passar por um período de recuperação judicial iniciado em 2012, que durou até 2015, percebemos que o investidor paciente foi recompensado: as ações tiveram uma alta expressiva de mais de 300% em um período de 2 anos (ver figuras 22 e 23).

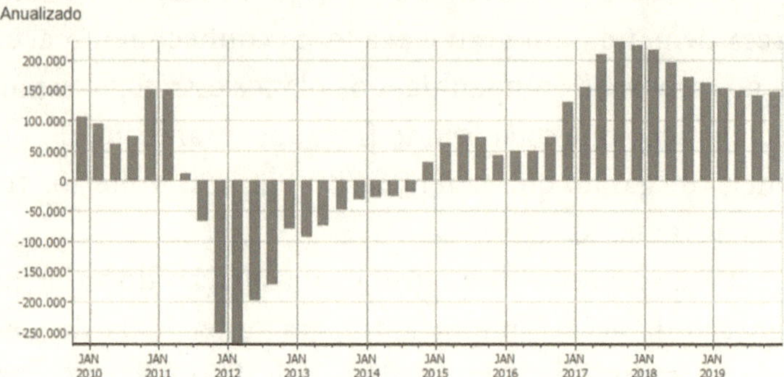

Figura 22: Desempenho operacional empresa Vulcabrás S.A. nos últimos 10 anos, evidenciando o período de crise enfrentado em meados de 2012 e a posterior recuperação. Fonte: http://www.fundamentus.com.br.

Figura 23: Flutuação na cotação da ação (ON) da empresa Vulcabrás S.A. nos últimos 10 anos, evidenciando o período de crise enfrentado em meados de 2012 e a posterior recuperação. Fonte: http://www.fundamentus.com.br.

Outra empresa que passou por um processo de turnaround e conseguiu renascer das cinzas foi o próprio Magazine Luiza, que passou por um período complicado nos idos de 2015 e 2016. No fundo do poço, as ações da varejista chegaram a valer míseros 12 centavos, cotação do dia 14 de dezembro de 2015. Em 17 de fevereiro de 2020 estavam cotadas a R$58,85, o que significa uma alta de mais de 49.000% ou o mesmo que multiplicar o seu capital investido por 490 vezes (ver figura 24).

É importante frisar que altas como essa do Magazine Luiza são raríssimas e encontrar uma ação que esteja em condições de proporcionar um ganho dessa ordem de grandeza equivale a acertar na loteria, ou melhor, equivale a poder acertar a mosca pousada na tromba do elefante com uma flecha...

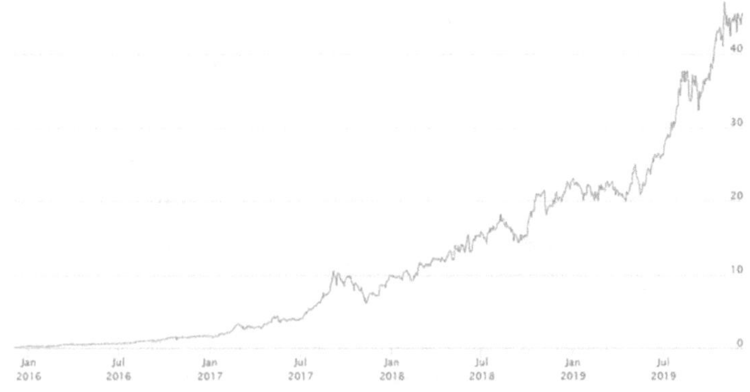

Figura 24: Espetacular desempenho das ações da varejista Magazine Luiza após o período de turbulência enfrentado pela empresa em 2015 e 2016. Fonte: http://www.fundamentus.com.br.

A seguir, mostro ao leitor que essa classificação das companhias de acordo com seu comportamento e suas características próprias nem sempre é homogênea. É muito comum que empresas apresentem comportamento misto, sendo enquadradas em mais de uma classe ao mesmo tempo, ou em alguma fase de seu desenvolvimento.

Empresas Mistas

Este agrupamento corresponde a uma divisão fictícia já que, na verdade, muitas das empresas que estão neste grupo já estiveram nos outros grupos. Muito provavelmente uma empresa desse grupo já foi, no início de suas atividades, uma empresa de crescimento agressivo. Da mesma forma, uma empresa de dividendo também deve ter sido no passado uma empresa de crescimento ou de valor. Uma empresa de dividendos que se encontra em dificuldades ou que necessita de capital para expandir a produção, pode vir a tornar-se uma empresa de valor.

É comum uma empresa transitar entre esses estados e isso não necessariamente é bom ou ruim. O que seria verdadeiramente danoso seria uma empresa deixar de ser lucrativa e colher prejuízos, pois, deste modo, não poderá distribuir dividendo algum e não terá crescimento no longo prazo.

Portanto, podemos definir mais uma categoria, correspondente ao segmento de empresas mistas, ou seja, empresas que possuem características de mais de um segmento. Podemos enquadrar neste segmento a corretora de seguros Wiz Soluções S.A. que, apesar de pouco tempo de bolsa, pode ser considerada tanto uma empresa pagadora de dividendo quanto uma empresa de crescimento, ao mesmo tempo em que se enquadra também no grupamento de smallcaps, por se tratar de uma empresa de baixa capitalização.

Podemos observar na figura abaixo, a partir de dados colhidos no site Fundamentus[10], indicadores e informações operacionais que comprovam este caráter de empresa mista da seguradora Wiz.

Papel	WIZS3	Cotação	11,25
Tipo	ON NM	Data últ cot	13/03/2020
Empresa	WIZ S.A. ON NM	Min 52 sem	7,30
Setor	Previdência e Seguros	Max 52 sem	16,32
Subsetor	Corretoras de Seguros	Vol $ méd (2m)	14.645.100
Valor de mercado	1.798.950.000	Últ balanço processado	31/12/2019
Valor da firma	1.753.360.000	Nro. Ações	159.907.000

Oscilações		Indicadores fundamentalistas			
Dia	15,74%	P/L	8,41	LPA	1,34
Mês	-20,21%	P/VP	9,62	VPA	1,17
30 dias	-29,38%	P/EBIT	4,67	Marg. Bruta	71,9%
12 meses	40,27%	PSR	2,64	Marg. EBIT	56,5%
2020	-20,33%	P/Ativos	3,07	Marg. Líquida	32,8%
2019	130,34%	P/Cap. Giro	-14,86	EBIT / Ativo	65,7%
2018	-37,19%	P/Ativ Circ Liq	-7,06	ROIC	77,3%
2017	-10,54%	Div. Yield	9,9%	ROE	114,3%
2016	49,66%	EV / EBITDA	4,13	Liquidez Corr	0,53
2015	-29,09%	EV / EBIT	4,55	Div Br/ Patrim	0,00
		Cres. Rec (5a)	17,7%	Giro Ativos	1,16

Figura 25: Indicadores financeiros para a ação preferencial (PN) da companhia Wiz S.A. em 13 mar. 2020. Fonte: http://www.fundamentus.com.br.

Outro exemplo dessa classe de companhias é a Itaúsa, holding controladora do Itaú, que pode ser considerada tanto uma empresa que distribui bons dividendos aos seus acionistas quanto uma empresa de crescimento, já que tem aproveitado o seu caixa para fazer aquisições oportunas no mercado e crescer de forma não orgânica – aumentando consideravelmente a sua receita. A própria operadora de

---

10 Acessível a partir de: http://www.fundamentus.com.br/.

telefonia Oi S.A, que era conhecida por ser uma boa pagadora de dividendos e, a partir de 2014, com a deterioração dos seus fundamentos, se transformou em uma empresa de turnaround e recuperação.

Capítulo 4

Ao observarmos o comportamento do preço de uma ação ao longo de um dia, constataremos que existe uma grande variação entre a mínima e a máxima cotação no período. Se extrapolarmos para semanas, o mesmo comportamento oscilatório se repete, revelando topos e vales nas cotações das ações de uma empresa. Ao longo de um dia é comum encontrarmos variações de 5, 10%, 15% nos preços de uma ação ou até mais. Ao longo de semanas podemos ter variações ainda mais significativas em que a cotação de uma ação pode oscilar num intervalo de 10, 20, 30% ou até 50% do seu valor base.

Agora, pense comigo: será que o desempenho operacional da empresa sofreu alterações dessa mesma magnitude, de tal forma que o seu balanço tenha sofrido variações bruscas dessa mesma ordem de grandeza?

Se o balanço de uma empresa listada em bolsa é aferido a cada trimestre e não a cada minuto, e se não temos como conhecer com exatidão os números de uma empresa em tempo real, como podemos ter tamanhas variações a cada segundo no valor de uma ação? A razão para isso é que, se olharmos para o curto prazo, percebemos que o preço de uma ação é, pura e simplesmente, pelo sentimento ou expectativa de mercado em relação ao desempenho operacional futuro de uma empresa, representado pelas operações de compra e venda emitidas.

Em linhas gerais, o que direciona o preço de uma ação é o embate entre oferta e demanda, ou, em outras palavras, se existe mais gente querendo comprar do que vender o preço sobe e, de forma inversa, o preço tende a cair.

Ao considerarmos o investimento em ações, devemos sempre ter em mente o longo prazo, pois, quanto maior o intervalo de tempo, maior a probabilidade de que a faixa de amplitude entre o melhor retorno e o pior retorno possível diminua, bem como o risco associado. Essa tendência foi estudada por Jeremy Siegel em seu livro Stocks for the long run, e é uma tendência que não se restringe ao mercado americano, como podemos observar no gráfico apresentado na figura 26.

No gráfico elaborado por Jeremy Siegel, os dados refletem os retornos do mercado americano, expondo os melhores e piores retornos para o mercado acionário, de BONDs e T-Bill (títulos soberanos americanos de curta duração), para durações distintas de tempo (1,2,5,10,20 e 30 anos).

Perceba que quanto menor for o tempo de análise, maior a amplitudo entre os resultados positivos e negativos. Logo, em períodos mais curtos de tempo a oscilação pode ser muito maior do que em períodos mais longos. Sim, os dados são do mercado americano, mas o raciocínio pode-se aplicar perfeitamente ao mercado nacional.

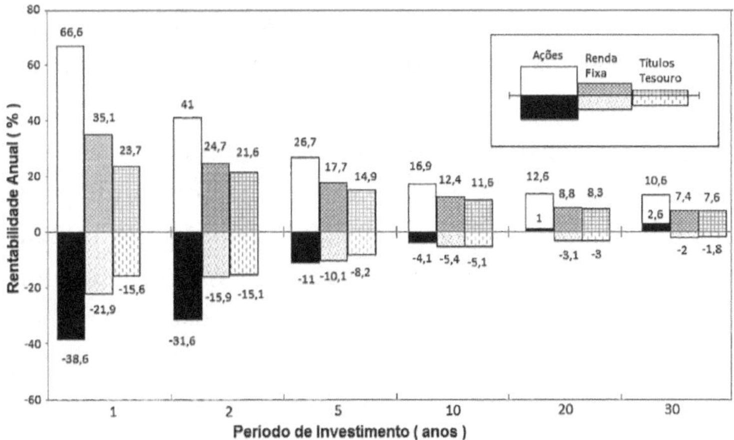

Figura 26: Risco versus retorno dos investimentos.
Fonte: SIEGEL, 1994, p. 388.

Além disso, observando o gráfico constatamos que para períodos mais longos de tempo (mais de 10 anos), o máximo retorno obtido para quem investe em ações tende a superar com folga o máximo retorno obtido em títulos de renda fixa, assim como o mínimo retorno em ações tende a ser menor do que para a modalidade de renda fixa.

Isso equivale a dizer que se você investir seu dinheiro em títulos do Tesouro, por exemplo, e manter o investimento por um longo prazo, a probabilidade de você ter uma perda significativa é maior, em média, do que se você investisse em uma carteira de ações diversificada, o que, para muitos, pode parecer um contrassenso.

Conforme já mencionado anteriormente, uma ação pode gerar valor ao acionista de duas formas: pela valorização da cotação ao longo do tempo e pelos proventos que são fruto das suas atividades operacionais distribuídos aos acionistas.

Se uma empresa gera um caixa operacional líquido, ela pode tanto investir na melhoria e expansão dos seus negócios – através da compra de novos equipamentos, melhoria nos serviços prestados, gastos com propaganda e marketing, pesquisa para prospecção de novos produtos, etc. – ou distribuir este caixa entre os acionistas na forma de proventos. O mais comum é que a empresa distribua parte dos seus lucros como proventos e invista a outra parte para expandir as receitas. Ao longo do tempo, o que se espera é que a empresa cresça e o lucro distribuído, assim como a sua cotação, de forma proporcional e, dessa forma, tem-se um cenário positivo para o investidor.

Evidentemente, muitas empresas ficarão pelo caminho, por diversos fatores, seja pelo mau uso dos recursos auferidos, investindo-os de forma errônea, seja pela conjuntura sistêmica adversa. O que se espera é que, com uma carteira balanceada, contendo múltiplas empresas, de setores diversos e não correlacionados, se consiga, no longo prazo, um retorno superior, independentemente do desempenho pífio de algumas empresas.

Em outras palavras: no curto prazo não podemos garantir um retorno superior das ações em relação aos títulos de renda fixa, porém, no longo prazo, as ações entregam um resultado consideravelmente maior.

A psicologia no mercado de ações e a sua relação com o investimento a longo prazo

No momento em que escrevo estes parágrafos o mundo vive uma atmosfera de incerteza e medo. O planeta está em meio a uma pandemia de gripe, causada por um vírus chamado COVID-19, que teve sua origem provável na província chinesa de Wuhan e, a partir daí, se espalhou pelo globo fazendo as bolsas mundiais desabarem, algumas mais de 50% em relação ao seu ponto de máxima. Em meio a esta pandemia os investidores tendem a se desfazer de posições em renda variável, particularmente em bolsa de valores, e se voltar para os ativos considerados mais seguros, como o ouro e o dólar. Esse movimento é considerado normal dentro de um contexto de incertezas globais.

Durante nossas vidas, certamente seremos frequentemente atingidos por turbulências sociopolíticas e econômicas – tais como guerras, crises macroeconômicas, epidemias globais, recessões entre outras mazelas que teimam em aparecer de tempos em tempos. Eventos desse tipo resultarão, inevitavelmente, em quedas dos mercados globais e no despertar do pânico entre os investidores em geral. Porém, justamente nesses períodos de pânico é que costumam se encontrar as grandes oportunidades de se comprar empresas de primeira a um preço de segunda.

Em períodos de grande comoção global ou de crise as pessoas tendem a tomar atitudes muitas vezes irracionais. Nestes momentos de pânico, as pessoas começam a vender os ativos considerados de risco e se apegam aos ativos ditos "seguros" e "sólidos". Nesses períodos é comum ver investidores vendendo ações de empresas lucrativas, apresentando balanços sólidos, a preço de banana e migrando para "portos seguros" como ouro ou moedas consideradas fortes.

O problema principal com essa abordagem é que vender só porque todo mundo está vendendo nem sempre pode ser considerado uma atitude inteligente. Aliás, quase nunca o é, diga-se de passagem.

Devemos ponderar se os fundamentos subjacentes das empresas realmente foram afetados pela crise, e se modificaram de tal maneira, a ponto de ser mais inteligente se desfazer da sua posição na empresa vendendo a ação. Devemos nos fazer as seguintes perguntas:

1) Os lucros futuros da empresa X serão realmente afetados pela crise em questão?
2) Os fundamentos se alteraram a ponto de a empresa não ser mais viável no médio e longo prazo?

Para o investidor de longo prazo, somente devemos considerar a venda se a resposta a alguma dessas questões for afirmativa. Em hipótese alguma precisamos nos desfazer de ações de empresas boas por conta de crises, principalmente em se tratando de crises macroeconômicas ou políticas. Em geral, o ditado popular que diz que após a tempestade sempre vem a calmaria também vale para o mercado de ações. Na grande maioria dos casos, basta aguardar algumas semanas ou meses para que o mercado retome o seu ritmo normal e as cotações voltem a subir.

» Efeito Manada

Quando o pânico se instala em locais com grandes aglomerações é comum pessoas virem a falecer pisoteadas, ou mesmo asfixiadas, em meio a tantos corpos dividindo um mesmo espaço. Infelizmente, cenas como essas ocorrem todos os anos em comícios, passeatas, manifestações, eventos de cunho religioso como, por exemplo, o rito de peregrinação à Meca, o círio de Nazaré no Pará etc.

Outra situação similar é quando você, leitor, se depara com aquelas filas imensas em supermercado, lojas de departamento, loterias e entrevistas de emprego. Podemos afirmar que muitas das pessoas nessas filas nem sabem direito para que estão ali, nem o que a motivou, simplesmente entraram na fila pois muitos outros estavam fazendo o mesmo.

Em ambos os cenários o que se pode observar é o famoso efeito manada, que afeta os seres humanos de forma quase que instintiva. Tal efeito pode ser, e quase sempre é, extremamente nocivo quando o transladamos para o mercado financeiro: o investidor que compra uma ação apenas porque ela está subindo ou, de forma inversa, vende uma ação apenas porque todos o estão fazendo está, igualmente, sendo vítima do famigerado efeito manada.

Quando a ação de uma empresa inicia uma trajetória de alta, muitas vezes vertiginosa e exponencial, sem que os fundamentos lastreados no balanço da empresa tenham se modificado significativamente, novamente estamos sendo vítimas do efeito manada. Nessas situações as pessoas começam a comprar a ação, pura e simplesmente, por conta do comportamento gráfico e da tendência de alta. "Se o fulano comprou e se o amigo do fulano também comprou, se eu não comprar também ficarei de fora do 'movimento', portanto, vou comprar." Esse raciocínio, por mais simples e ingênuo que pareça, é muito frequente entre investidores iniciantes e mesmo entre os mais calejados de mercado.

Não é raro vermos um analista recomendando determinada empresa pois, segundo ele, está passando por um momentum favorável. Também é comum invocarem a hipótese de mercado eficiente, segundo o qual os preços refletem as informações existentes (FAMA, 1970) e, deste modo, se a ação está subindo, é porque deve estar havendo algum motivo oculto para que isso ocorra. Tal comportamento é típico dos seres humanos e remonta aos tempos em que éramos caçadores e coletores que dependiam de reflexos e instintos rápidos para sobreviver em um ambiente hostil e primitivo.

Atualmente, tal comportamento deve ser evitado, principalmente em se tratando de operações no mercado de ações. Neste ambiente devemos nos basear, acima de tudo, pela racionalidade e análise correta dos fundamentos da empresa. Muitas vezes uma empresa passa por algum momento no qual as vendas não vão bem ou mesmo por situações em que notícias negativas são veiculadas na mídia, desencadeando um pânico nos investidores incautos.

Empresas passam por ciclos, e enfrentam adversidades ao longo do tempo. Não se trata de uma caminho linear e plano, mas sim, na grande maioria das vezes, errático e íngreme. Empresas boas e bem administradas tendem a se recuperar enquanto empresas ruins tendem ao limbo e à falência. É preciso saber diferenciar as notícias que são realmente sérias e preocupantes, que podem afetar de forma negativa o operacional da empresa, das notícias que são pura e simplesmente especulações acerca do futuro.

A melhor forma de evitar o comportamento de manada é não agir de imediato, assumindo uma postura mais analítica e ponderada. Conter os impulsos irracionais e adotar uma postura mais reflexiva a respeito do que foi noticiado, daquele fato que pode ou não afetar a empresa no futuro ou de imediato. A seguir apresento um evento para ilustrar o efeito manada na prática e as melhores atitudes a serem tomadas em ocasiões como esta.

» "Joesley Day"

Em 18 de maio de 2017, o Ministério Público de São Paulo (MPF-SP) havia feito um acordo de colaboração premiada com o empresário Joesley Batista que então entregou um áudio com conversas comprometedoras envolvendo diversas autoridades políticas, incluindo o então Senador Aécio

Neves e o ex-presidente Michel Temer. Esta data entrou para a história do mercado de ações brasileiro e ficou conhecida como sendo o Joesley Day. Nesse dia, o ibovespa, principal índice da bolsa brasileira, chegou a cair mais de 10% logo após a abertura e, com isso, houve o acionamento do chamado circuit breaker – um mecanismo que interrompe os negócios da bolsa por 30 minutos, para tentar conter a forte queda nos preços dos ativos.

O fato é que muitos ativos chegaram a cair mais de 20% em um só dia, sem que as empresas tivessem modificação significativa em seu caixa ou que seu fluxo de negócios tenha sido impactado de alguma forma. É o típico comportamento de histeria do mercado diante de um fato inesperado, nesse caso, um fato político, repercutindo o comportamento de manada segundo o qual os investidores procuram fazer o que os outros estão fazendo, pois é o que parece mais sensato no momento. Contudo, passadas algumas semanas, as mesmas ações que caíram 10, 15 ou 20% nesse dia já estavam de volta aos seus patamares de origem, como mostra o gráfico da figura 27.

Tome como exemplo as ações da blue chip Petrobras, que chegaram a cair mais de 15% em um dia. Para aqueles que dão valor ao investimento com horizonte de longo prazo, o que se sucedeu naquele dia se configurou como oportunidade de compra e não oportunidade de venda, já que nada havia se alterado no ambiente operacional da empresa que justificasse tamanha queda em sua cotação.

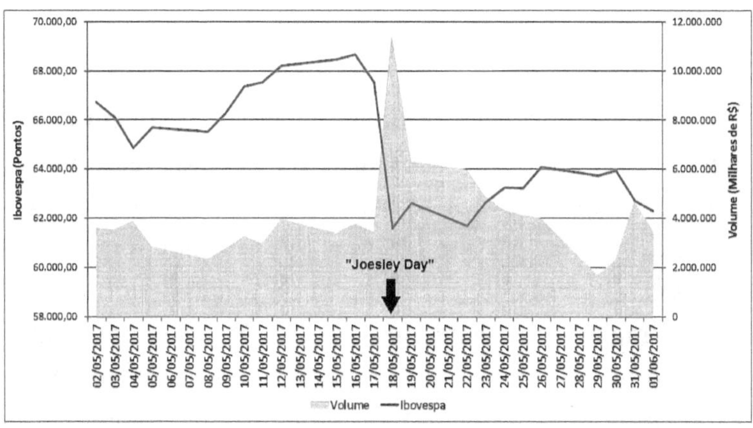

Figura 27: Gráfico que exibe a variação no índice Ibovespa no mês de maio de 2017, evidenciando o efeito do evento conhecido como Joesley Day. Fonte: autor.

Em outras palavras, o valor intrínseco da empresa não se alterou. Da mesma forma, as ações da estatal mineira Cemig, que atua no segmento de energia elétrica, chegaram a perder 20% do seu valor em apenas um dia, sendo que a demanda por energia continou a mesma, o seu perfil de dívida não se alterou, nem mesmo a sua receita sofreria tamanha oscilação que justificasse essa perda de valor de mercado.

» Excesso de Confiança

Outra atitude presente em nosso subconsciente com potencial para prejudicar sobremaneira as nossas escolhas e procedimentos é o que se caracteriza como viés do "excesso de confiança", que faz com que um indivíduo acredite saber e conhecer mais acerca de um assunto do que ele realmente sabe. Este viés é especialmente importante quando nos voltamos para o mercado de ações, onde os indivíduos que apresentam este comportamento tendem a se julgar especialistas e, por conseguinte, a fazer previsões e projeções futuras acerca da cotação das companhias.

Vários estudos, alguns realizados por economistas comportamentais[11] e estudiosos de várias áreas correlatas, muitos deles internacionalmente reconhecidos no meio acadêmico, concluíram que o excesso de autoconfiança é contraproducente, pois, frequentemente, as pessoas tendem a superestimar sua capacidade de avaliar cenários e eventos.

Além disso, quando nos viramos para o mercado financeiro, o excesso de confiança pode conduzir a um aumento do número de transações individuais e a altas excessivas dos preços, assim como bolhas especulativas em situações extremas. Afinal de contas, é como diz a frase atribuída a Nicolau Maquiavel:

---

11 A economia comportamental é o estudo de fatores psicológicos, cognitivos e comportamentais sobre as decisões dos indivíduos e as consequências disso para a dinâmica econômica. Para mais, ver:
FERREIRA, V. R., 2008; KAHNEMAN, D., 2012; MENKHOFF, L., SCHMELING, M., SCHMIDT, U., 2013; METCALFE, J., 1998; PRATES, W. R., SANTOS, A.A.P., DA COSTA JR., N. C. A., 2014; STATMAN, M., THORLEY, S., VORKINK, K., 2006.

"Será preciso, contudo, ser cauteloso com aquilo que fizer, e no que acreditar; é necessário que não tenha medo da própria sombra, e que aja com equilíbrio, prudência e humanidade, de modo que o excesso de confiança não o torne incauto, e a desconfiança excessiva não o faça intolerante."

» Viés do Especialista

Outro viés de comportamento que merece destaque é o viés conhecido como viés do especialista, segundo o qual tendemos a seguir e prestar muita atenção ao que os especialistas, ou experts, no assunto nos dizem ou mencionam nos meios de comunicação. É comum observar investidores efetuando ordens de compra ou de venda de ações de uma determinada empresa seguindo a orientação de um dito especialista, sem se questionar se realmente essa é mesmo a melhor escolha a ser tomada ou sem sequer ter uma opinião própria a respeito da empresa, e do momento pela qual ela está passando.

Muitas vezes, seduzidos pelo histórico de sucesso no passado, linguajar técnico e um certo ar de infalibilidade de certas pessoas, tendemos a segui-las e a imitar os seus comportamentos e atitudes no mercado de ações. Tendemos a superestimar o poder de acerto dos especialistas e a sobrevalorizar as suas profecias de mercado. Especialistas em finanças, especialmente os economistas e analistas financeiros, tendem a fazer previsões acerca da tendência de alta ou de baixa de um ativo, muitas vezes indo além e estimando valores "alvo" para a cotação de determinada ação para períodos de um ano ou mais.

O problema com tais previsões de especialistas é que eles erram em mais de 50% dos casos, como atestam inúmeros estudos que mediram o grau de acerto destes especialistas no passado[12]. Basicamente, você teria o mesmo nível de acerto se escolhesse lançar uma moeda não viciada. Quando questionados sobre o porquê desse desempenho pífio, eles costumam se defender alegando que os fatores macro foram atípicos esse ano, ou que ocorreram eventos não-recorrentes que, por sua vez, desencadearam uma perda de valor nos ativos, ou isso ou aquilo...

Fato é que não devemos confiar cegamente em especialistas quando o assunto é o investimento de nosso suado dinheiro. É necessário ponderar, estudar e procurar conhecer a fundo a empresa na qual se pretende investir e, principalmente, não tentar fazer prognósticos a respeito da cotação futura, lucros futuros ou outros aspectos de resultados de empresa para mais que um trimestre sob o risco de errar a mão – assim como fazem os experts de plantão. É cômodo deixarmos que um especialista tome por nós as decisões sobre onde e como investir, porém, sempre é aconselhável verificar de antemão o histórico de desempenho desse especialista e se o retorno obtido por ele não foi fruto do acaso ou de mera sorte.

» Heurística da Confirmação

Quando assistimos a uma palestra ou a uma apresentação, inconscientemente, tendemos a valorizar aquelas que, de uma

---

12 Para mais, ver: KAHNEMAN, D., 2012; MILGRAM, S., 1963; WILSON, P., 1991.

forma ou de outra, estão correlacionadas ao nosso ponto de vista e ligadas à nossa forma de pensar e agir. Quando acreditamos em uma tese, procuramos de todas as maneiras justificá-la buscando evidências que a comprovem. Ao agir assim, estamos nos comportando de acordo com o que chamamos de viés de confirmação ou heurística da confirmação. Utilizamos, de forma intuitiva e involuntária, filtros para selecionar afirmações e fatos que sustentem as nossas convicções.

Tal comportamento é prejudicial ao processo de tomada de decisão nos, por restringir sobremaneira as opções consideradas viáveis para o investidor em um determinado momento. O investidor tende a prestar atenção apenas nos pontos positivos e favoráveis de uma empresa, tornando-se incapaz de ver seus aspectos negativos. Trata-se de um viés comum e muito difícil de se desvencilhar, pois está ligado à nossa forma de pensar que é forjada desde a nossa tenra infância. Quando observamos uma ação de uma empresa pela qual nutrimos certa simpatia, tendemos a observar apenas as notícias positivas dessa empresa e desprezar ou ignorar as notícias ruins. É bem simples de se entender e diagnosticar, porém, de difícil cura.

Para combater este comportamento, é necessário ter um pensamento que tenha mais de um nível, ou seja, às vezes precisamos nos questionar sempre a respeito das nossas escolhas. Por exemplo: "As nossas premissas estão corretas ao escolher esta empresa e não a outra concorrente?" e "Eu deixei de verificar algum aspecto desfavorável com relação à avaliação qualitativa desta empresa?"

Precisamos lançar mão de formas mais racionais e isentas de análise para não sermos acometidos pelo viés da confirmação: é necessário criar mecanismos de avaliação quantitativa e objetiva das características relevantes de decisão. Em outras palavras, precisamos ser mais rigorosos e, se possível, colocar no papel os prós e contras da forma mais imparcial e abrangente possível.

Também é preciso ser mais humilde e reconhecer que não somos os únicos donos da verdade: olhar o todo e não apenas um subconjunto do universo de informações relacionadas a uma companhia. Lembremos sempre da parábola dos cegos e o elefante...

» Heurística da Ancoragem

Quando somos expostos a uma informação e utilizamos esta informação ou fato como uma âncora para nossas decisões futuras ou para formulação de estimativas, mesmo sem considerar a sua veracidade ou relevância, incorremos no que ficou denominado viés da ancoragem. Trata-se um viés cognitivo que se baseia na tendência humana de se "ancorar" a uma característica ou informação recebida antes de tomar uma decisão.

É comum que a ancoragem seja baseada em valores. Um investidor que decide comprar uma ação de uma empresa A, cotada a R$10,00, somente pelo fato de que outra ação B, do mesmo setor, está sendo cotada a R$40,00, sem observar outros indicadores a respeito dessa companhia, é um exemplo de ancoragem. O evento do comércio denominado Black friday é outro exemplo conhecido deste tipo de viés cognitivo: é comum um vendedor elevar os preços de um produto e posteriormente, nesta data, anunciar este mesmo produto como estando com promoção de 50%.

Outro exemplo ocorre quando somos bombardeados por anúncios de produtos ou de serviços, na televisão ou nos jornais, citando palavras como "promoção", "barato", "pechincha" etc. Muitas pessoas tendem a acreditar e se ancorar nessas informações antes de tomar suas decisões. Afim de não sermos vítimas do viés da ancoragem, é fundamental seguirmos algumas recomendações:

- Evitar tomar decisões de investimento por impulso sem se cercar de maiores informações a respeito dos cenários e alternativas apresentadas
- Sempre questionar a respeito das suas ideias e concepções iniciais antes de tomar uma decisão financeira. Elas estão baseadas em fatos e informações confiáveis? Elas formam um conjunto necessário e suficiente para a tomada de decisão?
- Sempre se mantenha atualizado a respeito de índices, cotações, indicadores econômicos etc. Leia muito, observe vários pontos de vista e tente enxergar o todo.

Para finalizar, é necessário ressaltar que existem outras dezenas de vieses comportamentais os quais procurei omitir aqui por se tratar de uma área extensa e que, por si só, seriam assunto para um livro à parte. Acredito que o leitor, assim como eu, irá inevitavelmente se deparar com situações nas quais esses instintos e comportamentos primitivos tentarão emergir das profundezas do nosso subconsciente e interferir de maneira prejudicial em nossas decisões.

Nesses momentos, lembre-se que nos investimentos, quase sempre é melhor assumir atitudes racionais e pragmáticas, desprovidas de todo e qualquer viés comportamental. O melhor a se fazer quando você tem de realizar escolhas de investimentos, particularmente quando envolvem compra ou venda de ações, é sempre se perguntar se a atitude mental que está tomando é livre de qualquer vício.

Sempre faça questionamentos do tipo: por que quero vender esta ação? Por que pretendo comprar esta outra? Se a maioria das pessoas está vendendo esta ação eu devo fazer o mesmo? Será que esta oscilação brusca no preço de determinada ação é fruto de um comportamento de manada? A queda ou elevação se justifica à luz dos fundamentos da empresa? Por que devo seguir os conselhos deste analista? Qual o histórico de acertos e erros desse profissional? Será que a minha previsão sobre o crescimento dos lucros e dividendos da empresa X está correto? Tais indagações certamente servirão como barreira mental contra os vícios de comportamento citados anteriormente.

No próximo capítulo, irei apresentar algumas ferramentas e indicadores financeiros importantes, os quais poderão lhe ajudar muito na árdua tarefa de separar o joio do trigo na nossa bolsa de valores.

Capítulo 5

"O mercado de ações é cheio de indivíduos que sabem o preço de tudo, mas o valor de nada."

Phillip Fisher.

"Toda matemática que você precisa para investir no mercado de ações você aprendeu na quinta série."

Peter Lynch.

Como selecionar boas empresas para compor um portfólio de ações?

Existem mais de 400 empresas listadas na bolsa atualmente. Desse universo, apenas um subconjunto deveria ser considerado na hora de montar uma carteira de ações de sucesso. Mas como saber quais ações escolher? Quais critérios devem ser observados e quais análises devem ser realizadas antes dessa escolha? Como saber se a escolha é correta? Quando vender uma ação da sua carteira? Como fazer para diminuir o risco?

Estas e outras perguntas são comuns a todos os investidores de valor. Não tenho a pretensão de fornecer respostas exatas para todas elas aqui, nessas páginas. No entanto, de maneira simplificada, posso tentar orientar a melhor forma de trilhar o caminho das pedras ou, pelo menos, ajudá-lo a não se desvirtuar caindo em armadilhas ou evitar que tome atalhos que, ao final da jornada, possam não te conduzir ao sucesso. Podemos, de maneira bem elementar, resumir em 4 grupos as empresas que estão listadas na bolsa:

1) Empresas boas, cotadas a um valor superior, ou muito superior, ao seu valor real ou intrínseco;

2) Empresas boas, cujas ações estão sendo ofertadas a um valor abaixo do seu valor intrínseco e, portanto, estão baratas;

3) Empresas ruins, mas cujas ações estão subvalorizadas, ou descontadas em relação ao verdadeiro valor da empresa;

4) Empresas ruins, vendidas a um preço alto em relação ao seu valor intrínseco.

Para o investidor que pretende gerar renda passiva e agregar valor ao seu portfólio de ações, a melhor escolha seria ser sócio de empresas do grupo 2 e evitar os demais grupos. Para entender melhor isso se faz necessário entender um conceito básico, porém fundamental: o que torna uma empresa boa ou ruim?

Para uma empresa ser considerada boa e viável do ponto de vista de investimento ela deve apresentar algumas características, dentre as quais eu posso listar as seguintes:

- Gestão competente, honesta e com histórico de sucesso;
- Elevada rentabilidade;
- Crescimento sustentável ao longo do tempo
- Baixo endividamento
- Vantagens competitivas (fosso competitivo)
- Atenção aos acionistas minoritários
- Boa governança corporativa

Muitos gostam de comprar ações de empresas boas, porém, não levam em consideração o seu preço de entrada. Apesar desta corrente de pensamento ter muitos seguidores, acredito que agindo dessa forma você reduzirá suas chances de chegar antes ao seu objetivo – garantir uma renda passiva necessária e suficiente para os seus propósitos e padrão de vida. Em outras palavras, você poderá chegar ao seu objetivo, porém irá levar mais tempo.

Por outro lado, comprar ações de uma empresa só porque estão baratas não é a melhor estratégia no longo prazo, pois se a empresa é ruim, o seu desempenho operacional e financeiro tende a se deteriorar com o tempo. Em outras palavras, é provável que num futuro não tão distante, as ações daquela empresa que você comprou a 50 centavos, por exemplo, estejam valendo 5 centavos ou menos.

O melhor cenário é quando nos deparamos com bons ativos que estão sendo subavaliados pelo mercado. Nesse caso, encontrar a assimetria de valor em determinado ativo será determinante para a estratégia ser bem-sucedida. O preço importa sim, e muito. Mas para avaliarmos se uma determinada companhia negocia a um preço inferior ao seu preço correto e justo, precisamos lançar mão de ferramentas e indicadores para podermos separar, dentre um leque extenso de empresas dos mais variados setores, quais são as mais indicadas, quais serão as vencedoras ou sobreviventes e que, dessa forma, te proporcionarão uma rentabilidade adequada.

Apresento, nas seções seguintes, alguns desses indicadores que considero os mais relevantes e úteis para esta empreitada de seleção e filtragem das boas empresas da bolsa. Procurei não seguir uma classificação por ordem de importância – assim, não necessariamente os primeiros indicadores apresentados são os mais importantes, é necessário analisá-los em conjunto para ter uma visão do todo.

» A Armadilha do P/L

Um dos indicadores fundamentalistas mais utilizados pelos investidores de forma geral é o indicador preço por lucro (P/L). É nele que se baseiam as análises de muitas das empresas especializadas em conteúdos financeiros, principalmente aquelas voltadas para avaliação de empresas listadas na bolsa.

Para calculá-lo, basta dividirmos o preço da ação de determinada empresa, em um dado momento, pelo seu lucro anual. O preço, conforme dito anteriormente, é determinado pelo mercado e oscila a todo o momento ao sabor da lei da oferta e demanda pelo ativo em questão. O lucro anual pode ser facilmente obtido do balanço anual da empresa, disponível no site de relacionamento com investidores da empresa ou mesmo através do site B3[13].

---

13 Acessível a partir de: http://www.b3.com.br.

Como um exemplo prático, considere a empresa Itaúsa S.A. que, em janeiro de 2020, tinha as suas ações preferenciais cotadas a R$14,13. Ao olharmos para o balanço verificamos que a empresa apresentou um lucro líquido de R$ 9.369.000.000 no ano de 2019 – considerando o período que vai do 3º trimestre de 2018 até o 3º trimestre de 2019. Para que possamos calcular o indicador P/L necessitamos ainda de um passo adicional: calcular o quanto de lucro a empresa produziu por cada ação que possuia. Sabemos que a empresa detinha, nesta data, o total de 8.410.810.000 de ações, considerando todos os tipos de ações emitidas (PN, ON etc.).

Nesse caso, para determinar lucro por ação basta efetuarmos o cálculo abaixo:

$$\text{Lucro por ação} = 9.369.000.000 \div$$
$$8.410.810.000 = \text{R\$}1,11/\text{ação}$$

Portanto, para calcularmos o indicador P/L, basta dividirmos a sua cotação por este valor:

$$\text{Preço/Lucro} = \text{R\$}14,13/ \text{ R\$}1,11 = 12,68$$

Este indicador sozinho não nos diz muita coisa a respeito da empresa e de sua saúde financeira. Assim, para que ele seja útil, necessitamos compará-lo com indicadores P/L de outras empresas ou mesmo com indicadores históricos de P/L da própria empresa. Nesse último caso, realizamos uma análise retrospectiva da empresa e, assim, quanto menor este valor, mais atrativa estaria a empresa para compra.

Por exemplo, se a empresa possuir um histórico de P/L nos últimos 10 anos conforme a série abaixo:

Tabela 5: Indicadores P/L para uma empresa no período de 10 anos. Fonte: Autor.

ano	2009	2010	2011	2012	2013	2014	2015	2016	2017	2018	2019
P/L	15,2	12,6	11,4	13,5	10,9	7,5	5,5	6,9	8,7	13,2	12,6

Podemos afirmar que o indicador atual se encontra num patamar intermediário entre o ponto de mínimo, atingido no ano de 2015 (5,5), e o ponto de máximo do ano de 2009 (15,2). Nesse caso, o melhor ponto de compra para essa ação seria no ano de 2015 e não agora.

No caso de empresas que possuem pares no mesmo setor, que competem entre si e apresentam similaridades claras em seus ramos de atuação, podemos compará-las entre si utilizando este indicador de maneira similar ao efetuado acima. Por exemplo, no caso específico da Itaúsa, uma holding do setor financeiro, controladora do banco Itaú, fica um pouco difícil encontrar outra empresa de natureza similar já que ela possui participação relevante em diversas outras empresas de ramos variados. Nesse caso, iremos utilizar, a título ilustrativo, os valores de indicativos de P/L calculados para as empresas Bradesco S.A., Banco do Brasil S.A. e Banco ABC S.A, todas do setor bancário.

Tabela 6: Série histórica de P/L nos últimos 10 anos para o Bradesco S.A. Fonte: Autor.

ano	2009	2010	2011	2012	2013	2014	2015	2016	2017	2018	2019
P/L	12,4	9,6	8,7	12,3	10,5	9,3	5,8	9,4	9,0	13,9	12,8

Tabela 7: Série histórica de P/L nos últimos 10 anos para o Banco do Brasil S.A. Fonte: Autor.

ano	2009	2010	2011	2012	2013	2014	2015	2016	2017	2018	2019
P/L	7,5	8,3	5,5	7,2	11,7	5,1	3,7	11,4	8,3	11,7	9,4

Tabela 8: Série histórica de P/L nos últimos 10 anos para o Banco ITAÚ S.A. Fonte: Autor.

ano	2009	2010	2011	2012	2013	2014	2015	2016	2017	2018	2019
P/L	13,6	10,9	8,4	10,2	8,9	8,3	6,7	8,9	10,2	11,6	12,6

Comparando os valores para o índice P/L destes três bancos, podemos perceber claramente que o mercado avalia o Banco do Brasil de forma diferente dos outros dois, muito provavelmente devido ao fato dele ser um banco estatal. Para este banco, os múltiplos são em geral inferiores aos múltiplos dos demais bancos privados. Nessa série em particular o múltiplo para este banco ficou abaixo do múltiplo dos demais bancos em 8 dos 10 anos da série.

Nesse caso, procedemos a uma análise relativa de empresas de um mesmo segmento, visando encontrar uma espécie de desconto para determinada empresa. Tal desconto poderá, ou não, ser uma assimetria de mercado. Cabe ao investidor avaliar, com base nesse e em outros indicadores, e tomar uma decisão para compra ou venda do ativo em questão.

Precisamos sempre estar atentos ao fato de que o quociente P/L muitas vezes torna-se inviável como métrica de análise, uma vez que a empresa pode apresentar prejuízos em seus balanços trimestrais ou anuais que podem resultar em valores negativos para o índice.

O mercado costuma precificar uma empresa com maior potencial de crescimento da receita e dos lucros com múltiplos de P/L maiores. Em contrapartida, se os investidores não acreditam que determinada companhia possa aumentar os seus lucros ou a sua geração de caixa num futuro próximo, a tendência é que o indicador P/L desta empresa seja reduzido.

Outra situação em que podemos nos deparar com valores baixos de P/L na bolsa: empresas estatais. Nesse caso, o mercado enxerga tais empresas como mais susceptíveis à ingerência do Estado, o que faria com que fossem mais sujeitas a amarras de crescimento e lucratividade.

Tal comportamento é extensível a outros indicadores correlatos – dentre eles o P/VP (ou preço por valor patrimonial), que veremos em detalhes mais adiante. Em geral, este indicador é um instrumento importante para nos dar uma noção acerca da precificação do mercado em relação a determinada empresa ou setor. Entretanto, conforme mencionado anteriormente, é necessário atenção com o contexto em que se insere e com os demais parâmetros do balanço para podermos tomar uma decisão mais acertada.

» A armadilha do yield

Um dos indicadores mais utilizados pelos investidores de valor, que praticam o buy and hold e procuram fazer uso do mercado de ações como forma de acumulação previdenciária é o yield. O yield ou dividend yield de determinada ação é a relação entre os proventos pagos por uma empresa, medidos em uma base anual, e o preço da ação conforme expresso pela equação abaixo.

$$Dividend\ Yield\ (DY) = \left[\frac{Dividendos\ pagos\ por\ ação\ no\ ano}{Valor\ unitário\ da\ ação}\right] \times 100$$

Se fizermos uma analogia com um título de renda fixa, seria basicamente o retorno ou prêmio anual deste título. Embora a comparação seja grosseira, ela nos dá uma ideia do que se trata este indicador. Acredito que ele desempenhe um papel extremamente relevante, tendo em vista o desejo de organizar uma carteira previdenciária.

Em geral, quando se monta uma carteira de ações visando a geração de renda passiva, é natural procurar empresas que possuam yields elevados. Todavia, a escolha de empresas com base pura e simplesmente no maior indicador yield esconde uma armadilha que costuma apanhar com frequência os investidores mais incautos. Existem empresas que, em virtude da alienação de ativos, ganhos judiciais ou outros eventos não recorrentes, realizam distribuições extraordinárias de capital aos acionistas na forma de proventos, o que pode inflar artificialmente o índice. Nesse caso, melhor seria procurar por empresas que apresentam yield recorrentemente altos e que sejam sustentáveis no longo prazo.

Muitas vezes as empresas premiam os seus diretores pagando elevados proventos, deixando de realizar os investimentos necessários à atividade operacional da empresa. Ao mesmo tempo, é necessária a existência de um equilíbrio saudável entre o valor distribuído aos acionistas, na forma de proventos, e os valores destinados à melhoria da rotina operacional e expansão da receita da empresa (CAPEX, aquisições etc.).

Porém, da mesma forma que existem empresas que distribuem dividendos de forma irresponsável, queimando o caixa e desprezando boas oportunidades de crescimento e geração de valor, o oposto também é verdadeiro. Muitas vezes uma empresa deixa de distribuir os proventos para o seu acionista com a intenção de realizar aquisições com retornos duvidosos – no mínimo – ou para investir em projetos visando a diversificação e aumento de receita, mas que, na maioria das vezes, não se traduzem em elevação das margens líquidas e do lucro. Nesse caso, seria melhor se a empresa utilizasse seu caixa, por exemplo, para reduzir o seu endividamento, ou na forma de distribuição de dividendos aos acionistas.

Podemos citar como exemplo desse tipo de mau uso de caixa a empresa Unipar Carbocloro que, em 2016, adquiriu o controle da Tecsis, uma fabricante de pás eólicas. Isso se mostrou um péssimo negócio, com prejuízos sendo registrados de forma consecutiva. Pouco tempo depois a Unipar desfez o negócio, vendendo a sua participação na Tecsis para outra empresa do ramo de energia eólica, o que se mostrou uma sábia decisão por parte da diretoria.

Nunca devemos escolher uma empresa tendo como base apenas o dividend yield pois, como expliquei previamente, este indicador pode induzir à falsa sensação de retornos elevados. Temos de refletir sobre os seguintes pontos:

a) A empresa distribui dividendos de forma consistente ao longo dos anos? Sugiro levar em consideração um período 10 anos consecutivos de distribuição elevada de dividendos, podendo ocorrer uma ou outra interrupção esporádica neste espaço de tempo,

b) Os dividendos são preferencialmente crescentes?

c) Os dividendos distribuídos são sustentáveis ao longo do tempo, não comprometendo o caixa e os investimentos necessários à expansão operacional da empresa?

Desta maneira, garantiremos um fluxo de proventos para a nossa conta da corretora que, se forem reinvestidos de forma inteligente, poderão gerar ainda mais dividendos no futuro, gerando um efeito bola de neve no fluxo futuro de proventos.

» Yield On Cost

Um indicador mais adequado para medir a eficácia de uma empresa em relação à distribuição de dividendos aos seus acionistas seria o indicador conhecido como Yield on Cost. Mas o que seria este indicador e por que ele é tão importante?

Podemos dizer que Yield on Cost (YOC) nada mais é do que o dividendo pago em relação ao preço inicial de aquisição da ação. Por exemplo: se um investidor comprou uma ação há 10 anos por R$10,00 e o dividendo pago atualmente por esta ação é de R$1,50, então o YOC para esta ação seria de 15%. Seria como se você calculasse o dividend yield, porém olhando no retrovisor, para a data em que você adquiriu a ação no passado. Esse indicador é mais interessante do que o dividend yield para se analisar uma empresa como boa pagadora de dividendos, uma vez que ele considera o crescimento dos lucros da empresa e o seu reflexo na distribuição dos proventos.

Grande parte dos investidores que procuram por empresas pagadoras de dividendos costumam descartar de imediato empresas que possuem dividend yield baixo, por considerarem que os proventos pagos não irão remunerá-los de forma adequada. Isso somente é válido se a empresa não aumentar a sua receita operacional e lucratividade ao longo do tempo. Muitas vezes, uma empresa prefere reter grande parte do fluxo de caixa gerado, seja para reinvestir ou para adquirir outros negócios que poderão contribuir para engordar ainda mais os caixas da empresa. Dessa forma, uma empresa que apresente um yield aparentemente pouco atrativo no momento, poderá se tornar uma excelente pagadora de dividendos no futuro.

Para ilustrar esta ideia, considere que você tenha adquirido 100 ações ordinárias (ON) da empresa Klabin por R$0,86 cada, em 14 de janeiro de 2002. Naquele ano, a empresa distribuiu um dividendo de aproximadamente R$0,03 por ação, produzindo um yield de 3,5%.

Agora, vamos analisar o que aconteceu se o investidor manteve esta ação até o começo de 2020, por exemplo. No ano de 2019 a empresa pagou um dividendo de aproximadamente R$0,17 por ação ordinária, sendo que a cotação na última data com-dividendos[14] era de R$4,23, o que representa um yield em torno de 4%.

Observe que, apesar de a ação não possuir um yield tão expressivo tendo em vista outras ações com yields superiores, o dividendo atual representa um Yield On Cost de quase 20% em relação ao preço de 2002. Portanto um investidor menos atento poderia pensar que, com um yield de 4%, a ação não seria interessante para compor um portfólio de empresas pagadoras de dividendos, o que seria um grande equívoco nesse caso. Na figura 28 podemos notar a evolução no dividendo[15] distribuído ao acionista pela empresa Klabin S.A. ao longo desses 17 anos.

Outro exemplo interessante para ilustrar a ideia de que dividendo bom é o dividendo crescente e a tese de que, muitas vezes, um yield apenas razoável, pode se tornar algo bem significativo no futuro, é o case da holding Itaúsa. Se considerarmos

---

14 Essa data também pode ser chamada de "com-dividendos", "data de custódia", "data-base" representa o último dia que o acionista deve ter posição na empresa para poder ter o direito.

15 O termo dividendo aqui serve para todo tipo de provento pago pela empresa, englobando tanto os dividendos quanto os juros de capital próprio creditados pela empresa ao acionista.

o período que vai de 2000 a 2019 e traçarmos um gráfico do dividendo anual por ação dessa empresa, perceberemos o quão relevante se torna o dividendo em relação ao preço de compra inicial da ação conforme mostra o gráfico da figura 29.

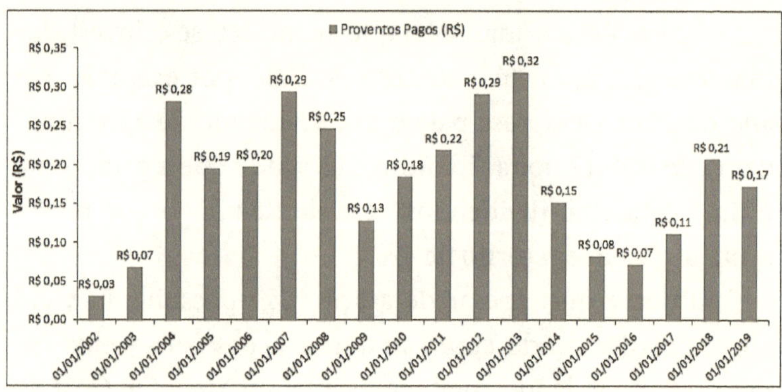

Figura 28: Evolução na distribuição de proventos por ação ordinária da empresa Klabin S.A., no período de 2002-2019. Fonte: autor.

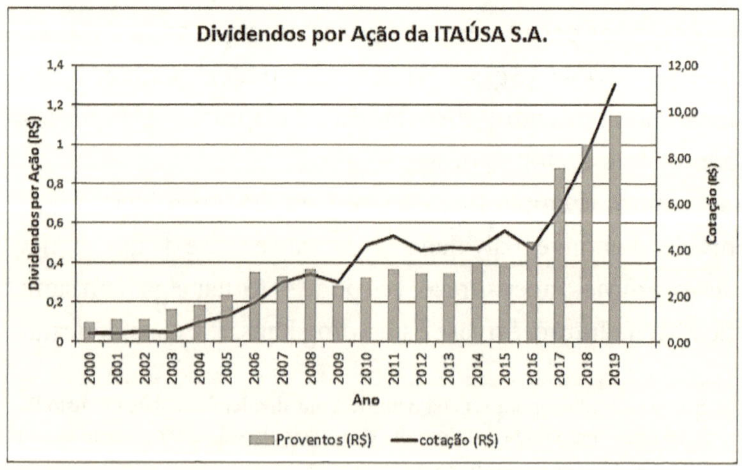

Figura 29: Gráfico que ilustra a evolução do dividendo por ação PN da empresa Itaúsa e sua relação com a cotação. Fonte: autor.

Perceba que, de um dividendo de pouco mais de 9 centavos, ele se transforma em R$1,14, gerando um YOC de mais de 300% em relação ao preço de compra em 2000.

» P/VP

Um indicador que considero importante na análise de qualquer empresa na bolsa, e que pode ser utilizado para analisar se o valor de mercado de uma empresa está sendo mal dimensionado em relação ao patrimônio, é o resultado da divisão entre preço, representado pelo valor de mercado da empresa, e valor patrimonial de um empresa ou simplesmente P/VP.

Para calcular o valor de mercado de uma empresa, basta multiplicar o preço da ação pela quantidade total de ações ofertadas. Ao fazermos isso, obteremos o valor que o mercado atribui a esta empresa no momento. Já o patrimônio líquido consiste na diferença entre o ativo total, que representa os bens e direitos, e o passivo total, que são os deveres e obrigações.

Podemos enxergar o patrimônio líquido como sendo uma espécie de "fotografia instantânea", que é tirada a cada trimestre e que é lançada no balanço patrimonial da companhia, como podemos observar no exemplo abaixo:

Grendene®

Anexo II – Balanço Patrimonial Consolidado em IFRS (em milhares de reais)

Ativo	31/12/2018	AV	30/09/2019	AV	AH
Circulante	**2.930.313**	**75,9%**	**2.906.664**	**75,0%**	**99,2%**
Caixa e equivalentes	16.562	0,4%	14.770	0,4%	89,2%
Aplicações financeiras	1.548.914	40,1%	1.703.032	43,9%	110,0%
Contas a receber de clientes	944.214	24,5%	744.181	19,2%	78,8%
Estoques	288.120	7,5%	304.184	7,8%	105,6%
Créditos tributários	44.361	1,1%	82.751	2,1%	186,5%
Imposto de renda e contribuição social a recuperar	4.852	0,1%	9.362	0,2%	193,0%
Títulos a receber	59.560	1,5%	2.976	0,1%	5,0%
Custos e despesas antecipadas	7.870	0,2%	8.962	0,2%	113,9%
Outros créditos	15.860	0,4%	36.446	0,9%	229,8%
Não circulante	**930.443**	**24,1%**	**970.231**	**25,0%**	**104,3%**
Realizável a longo prazo	475.422	12,3%	519.379	13,4%	109,2%
Aplicações financeiras	411.482	10,7%	440.247	11,4%	107,0%
Depósitos judiciais	1.149	-	1.531	-	133,2%
Títulos a receber	-	-	57.808	1,5%	-
Créditos tributários	996	-	935	-	93,9%
Imposto de renda e contribuição social diferidos	54.899	1,4%	11.412	0,3%	20,8%
Outros créditos	6.896	0,2%	7.446	0,2%	108,0%
Investimentos	412	-	8.412	0,2%	2.041,7%
Imobilizado	423.746	11,0%	410.756	10,6%	96,9%
Intangível	30.863	0,8%	31.684	0,8%	102,7%
Total do ativo	**3.860.756**	**100,0%**	**3.876.895**	**100,0%**	**100,4%**

Passivo e Patrimônio Líquido	31/12/2018	AV	30/09/2019	AV	AH
Circulante	**366.909**	**9,5%**	**269.763**	**7,0%**	**73,5%**
Empréstimos e financiamentos	126.313	3,3%	56.100	1,4%	44,4%
Fornecedores	42.095	1,1%	36.847	1,0%	87,5%
Obrigações contratuais – Licenciamentos	17.192	0,4%	21.393	0,6%	124,4%
Comissões a pagar	45.897	1,2%	37.432	1,0%	81,6%
Impostos, taxas e contribuições	34.836	0,9%	24.622	0,6%	70,7%
Imposto de renda e contribuição social a pagar	5.946	0,2%	4.826	0,1%	81,2%
Salários e encargos a pagar	71.122	1,8%	75.112	1,9%	105,6%
Provisão para riscos trabalhistas e fiscais	3.512	0,1%	2.852	0,1%	81,2%
Adiantamentos de clientes	19.436	0,5%	10.172	0,3%	52,3%
Outras contas a pagar	560	-	407	-	72,7%
Não circulante	**28.805**	**0,7%**	**22.245**	**0,6%**	**77,2%**
Empréstimos e financiamentos	26.614	0,7%	20.089	0,5%	75,5%
Provisão para riscos trabalhistas	531	-	664	-	125,0%
Outros débitos	1.660	-	1.492	-	89,9%
Patrimônio líquido ⇐	**3.465.042**	**89,8%**	**3.584.887**	**92,5%**	**103,5%**
Capital social	1.231.302	31,9%	1.231.302	31,8%	100,0%
Reservas de capital	9.109	0,2%	5.910	0,2%	64,9%
Ações em tesouraria	(15.565)	(0,4%)	(956)	-	6,1%
Reservas de lucros	2.222.040	57,6%	2.234.587	57,6%	100,6%
Lucros acumulados	-	-	93.812	2,4%	-
Outros resultados abrangentes	18.156	0,5%	20.232	0,5%	111,4%
Total do passivo e do patrimônio líquido	**3.860.756**	**100,0%**	**3.876.895**	**100,0%**	**100,4%**

Figura 30: Balanço patrimonial da companhia Grendene S.A., com destaque para seu patrimônio líquido. Fonte: Grendene RI.

Um valor de P/VP abaixo de 1 seria indicativo de que o mercado é pessimista em relação ao futuro da empresa, e isso se reflete no preço da sua ação. Caso essa métrica seja superior a 1, entretanto, pode significar que o mercado acredita que a companhia irá prosperar e que, no futuro, terá resultados positivos.

Os investidores da escola do deep value[16] costumavam procurar por "pechinchas" no mercado de ações, mirando nas empresas sendo avaliadas abaixo do seu valor patrimonial, ou seja, com indicador P/VP abaixo de 1. Benjamin Graham, o papa do deep value investing, ficou famoso por utilizar tal estratégia ao procurar por empresas subavaliadas (as famosas "bitucas de cigarro").

Este indicador, assim como o P/L, deve ser utilizado com parcimônia e nunca isoladamente em nossa análise de uma empresa. Em muitos casos, podemos ter valores patrimoniais negativos no balanço de empresas em dificuldades financeiras e, nesse caso, o índice não faria muito sentido.

Além disso, existem diferenças significativas na magnitude desse índice com relação aos diferentes setores de atuação de uma empresa. No setor de construção civil e no setor de mineração, por exemplo, é comum vermos valores abaixo de 1 sem que, no entanto, isso signifique que a empresa esteja subavaliada pelo mercado, tendo em vista que as empresas destes setores apresentam, em seu balanço patrimonial, muitos ativos tangíveis. De outro modo, para as empresas do setor de seguros, por exemplo, é frequente encontrar índices P/VP muito superiores a 1, pois, devido

---

16 A escola do deep value consiste basicamente em uma estratégia ou metodologia de investimento que seleciona as empresas mais depreciadas em um universo de ações da bolsa, tendo como base os seus múltiplos de avaliação (P/L, Preço/Valor Patrimonial, EV/Ebitda etc.).

à natureza de suas operações, acumulam muito caixa e não detém muitos ativos de uma maneira geral.

Devemos utilizar este indicador como uma aproximação grosseira do valor intrínseco real de uma empresa. Não é recomendável, de forma alguma, usar tal métrica sem a realização de uma análise mais ampla de outros indicadores e de outros fatores relevantes para a análise de valor. Para se tornar um bom investidor deve-se, sobretudo, analisar a empresa de um ponto de vista global, juntando as peças do quebra cabeça para criar uma visão completa do valor intrínseco, que pode ser encontrado nas linhas e entrelinhas de um balanço patrimonial.

» EV/Ebitda

Outro indicador bastante utilizado para medir o quão barata ou cara está uma empresa é o indicador EV/Ebitda. O Ebitda – ou Lajida – nada mais é do que o resultado operacional (lucros) de uma empresa se desconsiderando os impostos, taxas, depreciação e amortização e representa a capacidade de geração de caixa de uma empresa.

De forma simplificada, o Lajida seria um indicador que não considera no seu cálculo os custos que não estão ligados diretamente à essência do negócio da companhia. Diferentemente do lucro líquido, ele tende a retratar apenas o resultado operacional da companhia, acrescido da depreciação e da amortização. Em outras palavras, o Lajida serve para apontar a geração de caixa operacional da empresa.

A expressão para o Lajida é a seguinte:

Lajida = Lucro Operacional Líquido + Depreciação + Amortização

ou

Lajida = Resultado Líquido + Juros + Impostos
+ Depreciação + Amortização

Já o múltiplo EV – *enterprise value* – corresponde ao valor da firma, ou seja, a soma do valor agregado de todas as fontes de financiamento de uma empresa: acionistas (capitalização de mercado) e credores (dívida líquida). É calculado como sendo a soma da sua capitalização em bolsa com a sua dívida líquida. A expressão para o EV seria seguinte:

EV = Valor de Mercado (Capitalização) + Dívida Líquida

Este indicador nos dá uma noção da capacidade operacional da empresa e pode ser utilizado independentemente das oscilações não recorrentes que recaem sobre o lucro líquido. Desta forma, uma empresa que entregue um Ebitda de 250 milhões no ano, com valor em bolsa de 1 bilhão e uma dívida líquida de 500 milhões negociará a um múltiplo de seis vezes o Ebitda:

$$EV/Ebitda = \frac{R\$1000\ \textit{milhões} + R\$500\ \textit{milhões}}{R\$250\ \textit{milhões}} = 6$$

Assim, se a dívida de uma firma crescer muito além da sua capacidade operacional, este indicador tende a crescer e a atratividade da empresa diminui. Da mesma forma, se a dívida se reduzir ou se tornar inexistente, a sua atratividade aumenta – desde que a produção se mantenha ou aumente.

Podemos considerar este múltiplo como uma forma de analisar se uma empresa é uma boa geradora de caixa e se esta capacidade está sendo subestimada pelo mercado. Muitas vezes o indicador P/L é distorcido e, nesse caso, utilizar o EV/Ebitda seria mais indicado e sensato.

Assim como os demais indicadores este número sozinho não nos diz muita coisa, mas quando comparado ao de outras empresas do mesmo setor nos dá um indicativo de preço mais confiável e racional. O ideal é que este indicador seja o menor possível, o que revela um possível desconto da ação.

» Retorno Sobre o Patrimônio Líquido (ROE)

Antes de falar sobre dois dos indicadores mais importante que todo investidor em ações deveria conhecer – o ROE e o ROIC – é importante mencionar o fato de que lucro e rentabilidade não são sinônimos, pois são conceitos diversos, o que pode confundir muita gente.

Lucro pode ser conceituado como sendo o valor resultante da receita de uma transação comercial ou atividade econômica, subtraído dos seus custos de produção. Já rentabilidade mensura a proporção, geralmente em termos porcentuais, que este lucro tem em relação a alguma métrica financeira. Neste contexto, tanto o ROE quanto o ROIC poderiam ser considerados indicadores de rentabilidade de uma companhia, assim como inúmeros outros indicadores.

O ROE é, certamente, um dos primeiros indicadores que analisamos quando investigamos uma empresa com vistas a tornar-nos sócios. Esta é a sigla para o termo Return On Equity – ou Retorno sobre o Patrimônio Líquido na sua versão em português. De forma simplificada, trata-se de um indicador financeiro porcentual, e fornece o quanto de lucro uma companhia foi capaz de gerar com o dinheiro investido pelos acionistas.

Para se calcular o ROE de uma companhia basta dividirmos o seu lucro líquido pelo patrimônio líquido em determinado período (por exemplo, um ano fiscal):

$$ROE = \left[\frac{Lucro\ Líquido}{Patrimônio\ Líquido} \right]$$

Importante ressaltar que as ações preferenciais não entram no cômputo do ROE e é relativo ao ano fiscal completo, ou seja, antes dos dividendos serem pagos aos sócios.

Uma das principais utilidades deste indicador é permitir a comparação de empresas, sejam elas de um mesmo setor ou não. Por exemplo, é comum utilizarmos o ROE como medida de desempenho e estabilidade de um banco em relação ao outro. A título de comparação, abaixo vemos uma tabela com o ROE dos principais bancos negociados na nossa bolsa de valores atualmente[17].

---

[17] Os números relativos ao ROE destes bancos foram apurados em maio de 2020, portanto já incorporando os efeitos iniciais da crise do Coronavírus.

**Tabela 9: Indicador ROE dos principais
bancos negociados na bolsa.
Fonte: http:www.fundamentus.com.br.**

Instituição	Banco do Brasil	Itaú	Bradesco	Santander	Banrisul	ABC
ROE (base anual)	16,8	17,8	15,5	20,0	15,9	8,0

» Retorno Sobre o Capital Investido (ROIC)

Saber avaliar a rentabilidade de um investimento é algo fundamental. Se, ao calcularmos a rentabilidade de um investimento, considerarmos o retorno sobre o capital total que foi investido inicialmente – ou seja, o capital próprio da empresa somado ao capital de terceiros – obteremos o ROIC. Neste caso, a diferença em relação ao ROE é o fato de este não levar em consideração o capital de terceiros, isto é, os eventuais empréstimos, financiamentos e debêntures realizados para se tocar o negócio.

Sendo assim, o ROIC se revela uma das formas mais básicas de analisar a eficiência empresarial, pois representa quanto de dinheiro uma organização tem capacidade de gerar com o capital total que foi investido nela, em termos percentuais.

Portanto, para o cálculo, é comum adotarmos a seguinte fórmula do ROIC:

$$ROIC = \frac{(\textit{Lucro Operacional Líquido} - \textit{Impostos} - \textit{Dividendos distribuídos})}{\textit{Valor Total Investido}}$$

Ou:

$$ROIC = \frac{(\textit{Lucro Operacional Líquido} - \textit{Impostos} - \textit{Dividendos distribuídos})}{\textit{Valor Contábil}}$$

Ou ainda:

$$ROIC = \frac{(EBIT^* (1 - IR))}{900 \ \textit{milhões}} = 0,22 \ ou \ 22\%$$

Para que fique mais claro, considere os seguintes exemplos onde são calculados os retornos sobre o capital investido em diferentes situações.

Exemplo 1:

A empresa apurou os seguintes números em um ano fiscal:

Lucro operacional = *R$200 milhões;*

Dividendos pagos aos acionistas = *R$20 milhões;*

Imposto de Renda pago = *30 milhões*

Total de capital investido no negócio = *R$600 milhões.*

Nesse caso o ROIC seria o seguinte:

$$ROIC = \frac{200 \ \textit{milhões} - 20 \ \textit{milhões} - 30 \ \textit{milhões}}{600 \ \textit{milhões}} = 0,25 \ ou \ 25\%$$

Exemplo 2:

A empresa apurou os seguintes números em um ano fiscal:

Lucro Operacional (EBIT) = *R$300 milhões;*
Alíquota de Imposto de Renda = *34%*
Total de capital investido no negócio = *R$900 milhões.*
Nesse caso o ROIC seria o seguinte:

$$ROIC = \frac{300 \ milhões \times (1 - 0,34)}{900 \ milhões} = 0,22 \ ou \ 22\%$$

A título de comparação apresentamos o ROIC de algumas empresas negociadas em bolsa para ilustrar o indicador com dados do mundo real[18].

**Tabela 10: Indicador ROIC de
algumas empresas da bolsa.**

Instituição	Gerdau	Petrobras	Suzano	Randon	Wiz	Ultrapar
ROIC (base anual)	4,7	11,7	-330,1	14,0	77,5	6,96

Fonte: http://www.fundamentus.com.br.

Muitas vezes, tanto o ROIC quanto o ROE pode apresentar valores distorcidos para cima ou para baixo. Perceba, na tabela acima, o valor negativo para o ROIC da empresa Suzano S.A. Isso pode ocorrer quando a empresa apresenta prejuízo no trimestre e, nesse caso, o melhor a se fazer é aguardar os números do balanço anual consolidado, que poderá eliminar tal distorção. Mesmo quando número do ROIC ou ROE estiver negativo isso não significa de antemão

---

[18] Os números relativos ao ROIC destes bancos foram apurados em maio de 2020, portanto já incorporando os efeitos iniciais da crise do Coronavírus.

que a empresa seja ruim ou que esteja passando por dificuldades operacionais e financeiras.

Como expliquei no capítulo anterior, nem sempre o lucro é a melhor medida ou indicador para a saúde dos resultados de uma empresa. É comum substituirmos o lucro pelo Ebitda, que mede a geração de caixa operacional da companhia.

A Suzano S.A., por exemplo, é uma empresa que gera muito caixa operacional e, apesar disso, possui balanços com ROE e ROIC quase sempre distorcidos, justamente pelo resultado líquido final ser frequentemente negativo. O principal benefício desse indicador é avaliar se o investimento feito está dando o retorno esperado, porém, com ele também é possível atacar os seguintes pontos:

- Analisar os retornos dos diversos segmentos de negócio de forma individualizada e, desta forma, atacar os segmentos com pior desempenho ou priorizar apenas os mais rentáveis.
- Analisar o desempenho da empresa frente ao desempenho das empresas concorrentes.
- Analisar como iniciativas e investimentos contribuem para a obtenção dos resultados.
- Planejar as metas e os objetivos de forma quantitativa e unificada.

De uma maneira bem simplificada, se pudéssemos resumir o conceito de uma forma simples e direta, poderíamos pensar que o ROI permite responder a seguinte pergunta: "de cada R$1,00 que investir neste negócio quanto terei de lucro?"

Desta forma, pode-se dizer que o ROI é um parâmetro bem abrangente e pode ser utilizado para calcular retorno sobre quaisquer investimentos realizados - seja uma campanha publicitária, um projeto de P&D, uma aplicação financeira etc.

Em suma, constitui uma das ferramentas mais importantes para qualquer empresário, pois permite saber se um negócio é atrativo ou não em relação ao valor que terá de ser investido a priori ou, a posteriori, para saber se um investimento foi exitoso ou não do ponto de vista financeiro.

» Conclusão

Neste capítulo mostramos alguns dos múltiplos que podem e devem ser usados para selecionar empresas na bolsa. Importante salientar que avaliar os indicadores acima constitui apenas uma das muitas etapas do processo de análise e que devemos considerar também os aspectos qualitativos como gestão, forças e fraquezas da empresa em relação às concorrentes, política de governança, capacidade de gerar receitas ao longo do tempo, market share[19] no setor etc.

Nem sempre uma empresa está barata por estar sendo negociada abaixo do seu valor patrimonial, nem tampouco está empresa é uma barganha por possuir um múltiplo P/L baixo. Da mesma forma, um yield de 10% no momento não necessariamente significa que a empresa é uma boa pagadora de dividendos, pois este dividendo pode ser não

---

19 O market share representa a participação de vendas, medida em porcentagem, que uma empresa possui no mercado que ela está inserida.

recorrente. É necessário tomar muito cuidado com tais armadilhas da análise fundamentalista.

No entanto, mesmo que os indicadores não sejam a ferramenta mágica de análise, a assim chamada "bala de prata" que irá resolver todos os problemas relacionados à seleção de empresas, tampouco devem ser desprezados, pelo contrário: eles são como o próprio nome diz indicadores de algo e servem como pontapé inicial em um processo de análise mais abrangente e cuidadoso.

No capítulo seguinte, descobriremos como é possível identificar se uma empresa está saudável ou se ela está convalescendo. Olharemos para a contabilidade de uma empresa, que nunca pode ser ignorada ou menosprezada se quisermos realizar uma seleção bem-sucedida das melhores empresas da bolsa.

Capítulo 6

Contabilidade: A linguagem dos negócios

» Por que devemos analisar a contabilidade de uma empresa antes de investir?

Caro Leitor, você deve estar se perguntando: "porque afinal tenho de entender e estudar contabilidade para poder ser um investidor de sucesso na bolsa?" A resposta é simples: a contabilidade é a linguagem dos negócios. Se você quer entender por conta própria como está a saúde financeira de uma empresa ou se quiser saber se determinada companhia está crescendo e se desenvolvendo ou ainda se, ao contrário, ela está se encaminhando para o abismo, você deve aprender contabilidade.

É preciso aprender a ler um balanço patrimonial ou um resultado de exercício se quiser saber como anda a empresa por trás da ação que você adquiriu. Mais importante ainda, podemos dizer que a contabilidade permite entender o negócio da empresa e os seus pontos forte e fracos. Só através dela é que somos capazes de avaliar se o preço pelo qual está sendo negociada em bolsa é maior ou menor do que o valor real ou intrínseco da empresa.

Se você quiser realmente ser capaz de averiguar o potencial de uma empresa de te fazer mais rico ou de te deixar mais pobre no futuro, você obrigatoriamente deve compreender pelo menos o básico da linguagem contábil. A cada trimestre e uma vez ao ano a empresa publica os seus balanços e dá publicidade aos seus resultados operacionais. Basicamente existem três componentes principais presentes nos demonstrativos financeiros, os quais irei detalhar na próxima seção.

Utilizarei, neste capítulo e nos capítulos seguintes, o balanço anual (DRE e BP) de algumas empresas listadas em bolsa, como exemplo para os conceitos que abordaremos, em caráter didático e a título de comparação.

» Balanço Patrimonial

Em que consiste o balanço patrimonial de uma empresa? A cada três meses, toda e qualquer empresa que esteja listada na bolsa de valores, deve tornar público todos os números referentes às vendas, despesas, dívidas, resultado financeiro, investimentos que pretende realizar, empréstimos que necessita contrair, e um sem-número de outras informações a respeito do desempenho da empresa naquele período. Existe também um balanço mais abrangente, que incorpora e consolida os resultados para o ano todo, porém, o princípio e as diretrizes gerais são as mesmas quer seja balanço trimestral ou anual.

Enfim, o balanço patrimonial nada mais é do que uma forma de revelar a posição contábil, financeira e econômica de uma companhia em um determinado período de tempo; como uma fotografia que mostra, em uma determinada data, o patrimônio da empresa. Ele é composto pelos ativos (bens e direitos), pelos passivos (obrigações e exigibilidades) e pelo patrimônio líquido e decorre do equilíbrio expresso na seguinte fórmula contábil:

Patrimônio Líquido = Ativo – Passivo

A figura a seguir ilustra o conceito de forma simplificada. Embora dentro de cada uma das seções exista um nível de detalhamento muito maior, é preciso entender o conceito macro antes de se aprofundar nos detalhes, pois os termos e nomenclaturas da área podem dificultar o entendimento.

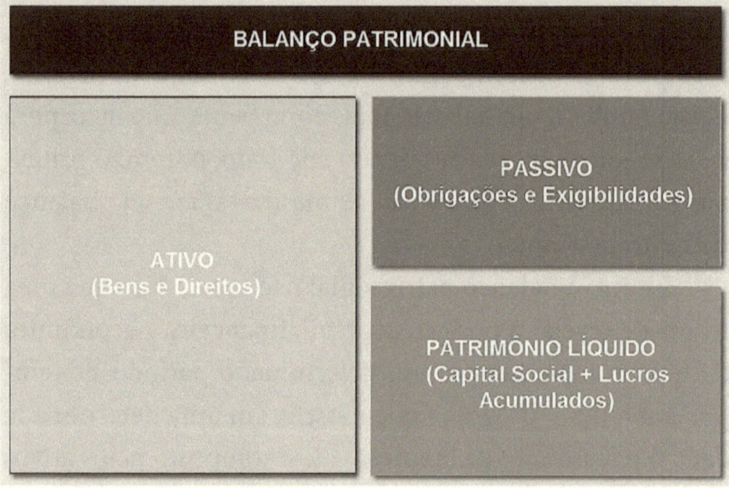

Figura 31: Quadro demonstrativo dos termos principais encontrados em um balanço patrimonial. Fonte: Autor.

O foco desse livro não é, de forma alguma, adentrar com profundidade nos emaranhados da contabilidade, nem se aprofundar em demasia em cada um dos termos de um balanço. Minha intenção é mostrar ao investidor, de forma simples e direta, o que realmente devemos prestar atenção quando olhamos para um balanço patrimonial.

Mas então o que devemos ter em mente quando examinamos o balanço de uma empresa? Com o que devemos nos preocupar ? Eficiência operacional? Geração de caixa? Lucro? Dívidas? Além disso, o que podemos desconsiderar ou olhar com menos atenção?

» Estudos de Caso

O que salta aos olhos quando olhamos para os números na planilha a seguir?

Tabela 11: Balanço Patrimonial da empresa Enauta S.A. consolidado.

Encerramento do Exercício:	2019	2018	2017	2016
	31/dez	31/dez	31/dez	31/dez
Total do Ativo Circulante	**2075,89**	**2241,1**	**2284,38**	**1433,91**
Caixa e Investimentos de Curto Prazo	1708,64	1950,15	1893,19	1210,04
Caixa	51,28	60,04	18,82	17,74
Caixa e Equivalentes de Caixa	-	60,04	18,82	-
Investimentos de Curto Prazo	1657,36	1890,11	1874,38	1192,3
Contas a Receber, Líquido	339,46	259,33	178,56	217,86
Contas a receber - comércio, Líquido	233,64	134,42	128,54	102,29
Inventário	9,51	12,77	0,86	1,54
Despesas Antecipadas	-	-	-	-
Outros Ativos Circulantes, Total	18,28	18,85	211,76	4,48
Total do Ativo	**4549,17**	**3943,53**	**3938,54**	**3563,42**
Imobilizado - Líquido	1425,39	738,42	735,19	928,21
Imobilizado - Bruto	2858,14	1725,78	1574,23	1702,82

Depreciação Acumulada, Total	-1432,75	-987,36	-839,04	-774,61
Ágio, Líquido	-	-	-	-
Intangíveis, Líquido	399,59	406,79	410,2	727,05
Investimentos de Longo Prazo	609,41	547,7	299,94	298,45
Realizável a Longo Prazo	5,12	6,68	5,2	6,14
Outros Ativos de Longo Prazo, Total	33,76	2,85	203,63	169,66
Outros Ativos, Total	-	-	-	-
Total do Passivo Circulante	**572,09**	**225,64**	**316,04**	**254,53**
A Pagar/Acumulado	125,2	75,06	111,65	69,93
A Recolher/Auferidos	-	-	-	-
Investimentos de Curto Prazo	58,44	43,17	70,8	30,23
Notas a Receber/ Empréstimos de Curto Prazo	-	-	-	-
Parcela Circulante das Obrigações de Arrendamento Mercantil	280,54	38,88	36,81	36,56
Outros Passivos Circulantes, Total	107,91	68,53	96,78	117,81
Total do Passivo	**1653,63**	**743,95**	**828,43**	**783,77**
Total de Endividamento de Longo Prazo	741,89	250,95	288,37	323,18
Endividamento de Longo Prazo	204,78	250,95	288,37	323,18
Obrigações de Arrendamento Mercantil	537,11	-	-	-

Imposto de Renda Diferido	-	-	-	-
Participação de Acionistas Não Controladores	-	-	-	-
Outros Passivos, Total	339,65	267,35	224,02	206,06
Total do Patrimônio Líquido	**2895,54**	**3199,59**	**3110,11**	**2779,65**
Ações Preferenciais Resgatáveis	-	-	-	-
Ágio, Líquido	-	-	-	-
Ações Ordinárias, Total	2078,12	2078,12	2078,12	2078,12
Capital Social integralizado Adicional	-	-	-	-
Lucros Retidos (Prejuízos Acumulados)	412,39	616,5	502,39	124,36
Ações em Tesouraria - Ordinárias	-36,45	-44,14	-70,61	-81,01
Garantia de Dívida de Opções de Compra de Ações	-	-	-	-
Ganho/(Perda) não Realizado(a)	-	-	-	-
Outros Patrimônios Líquidos, Total	441,48	549,11	600,22	658,18
Total do Passivo e Patrimônio Líquido	**4549,17**	**3943,53**	**3938,54**	**3563,42**
Ações Ordinárias em Circulação	**262,23**	**261,47**	**258,87**	**257,85**
Ações Preferenciais em Circulação	-	-	-	-

* Em milhões de reais (R$) – exceto os dados por ação.

Fonte: https://www.br.investing.com/

Os números nesta planilha correspondem ao balanço patrimonial da companhia do ramo petrolífero Enauta S.A., do grupo Queiroz Galvão (antiga QGEP), e são referente aos exercícios de 2016 a 2019.

Todo balanço é composto de três grandes grupos que correspondem ao Ativo, Passivo e Patrimônio Líquido. O ativo corresponde ao conjunto de bens e direitos e tudo o mais que pode ser convertido em valores monetários pela empresa no curto ou longo prazo. Neste grupo se incluem os estoques dos produtos, o dinheiro em caixa, as duplicatas, as aplicações financeiras, as contas a receber etc., e pode ser classificado em circulante e não circulante.

Já o passivo se refere ao conjunto de obrigações e exigibilidades da companhia perante terceiros, ou seja, inclui as dívidas, os empréstimos e financiamentos efetuados e as demais despesas de modo geral. De forma similar ao ativo, pode ser subdividido em passivo circulante e passivo não circulante. Por último, mas não menos importante, temos o patrimônio líquido propriamente dito que nada mais é do que a diferença entre o ativo e o passivo e corresponde à riqueza dos acionistas de uma organização, ou, em outras palavras, tudo o que sobra após pagarmos as obrigações devidas. Nele se incluem as reservas, o capital social, as reservas de lucros, ações em tesouraria etc.

Quando analisamos o ativo na planilha acima, logo percebemos o valor expressivo de caixa da companhia perante o seu patrimônio líquido. No caso da Enauta o que ela possuía em caixa e investimentos de curto prazo em 2019 – R$1,95 bilhões – totalizava mais de 49% do seu patrimônio líquido em 2018 e 38% (R$1,7 bilhões) em 2019, um valor bastante expressivo. Para se ter ideia, o que esta empresa detinha em caixa em 2019 seria suficiente para quitar toda a sua dívida de longo prazo e ainda lhe sobrariam quase R$1 bilhão para poder investir ou distribuir na forma de proventos aos acionistas, por exemplo. Fatos como estes muitas vezes passam despercebidos a olhares menos atentos e para aqueles que não conhecem ou não tem interesse em conhecer o balanço patrimonial de uma empresa.

Prosseguindo com a nossa análise, podemos verificar o alto valor de depreciação contabilizado pela empresa, mais de R$1,7 bilhões, o que geralmente ocorre em empresas que dependem de ativos físicos (máquinas, plataformas, insumos etc.) para continuar com os seus negócios e operações. De fato, a Enauta pertence ao setor de exploração e produção de derivados de petróleo e certamente depende de ativos físicos para dar seguimento às suas operações.

Um ponto positivo que podemos observar é o fato de a empresa possuir um nível baixo de endividamento em relação ao seu patrimônio líquido. Para o ano de 2019, esta relação equivale a menos de 8% (R$204 milhões / R$2,885 bilhões), o que é muito baixo considerando-se o setor de capital intensivo ao qual pertence.

Outra conclusão que podemos tirar do balanço é a de que a empresa possui uma quantidade razoável de recursos retidos em reservas de lucros (R$412 milhões) que podem ser posteriormente distribuídos aos acionistas, incorporados ao capital social da empresa ou utilizados para compensar possíveis prejuízos. A princípio, analisando os números da planilha, nos últimos quatro anos se pode constatar uma evolução dos ativos, muito embora o patrimônio líquido tenha se mantido aproximadamente num mesmo patamar. Isso deve ser um sinal de que a empresa utiliza o caixa para fazer aquisições, investimentos ou para distribuir aos acionistas ao invés de retê-lo.

De uma maneira geral, ao olharmos para números de balanço similares ao desta empresa, percebemos uma situação financeira saudável e sólida que é fruto, provavelmente, de uma administração mais conservadora em relação à alavancagem, investimentos e caixa.

Assim, analisaremos a seguir um balanço propositalmente diferente, para que possamos efetuar comparações e considerações objetivas a respeito, além de criarmos uma visão crítica deste tipo de análise patrimonial.

Tabela 12: Balanço Patrimonial da empresa Oi S.A.

Encerramento do Exercício:	2019	2018	2017	2016
	31/dez	31/dez	31/dez	31/dez
Total do Ativo Circulante	17993,28	21313,48	23747,75	26211,73
Caixa e Investimentos de Curto Prazo	2265,8	4587,3	6884,13	7679,78
Caixa	575,86	287,49	277,5	270,31
Caixa e Equivalentes de Caixa	1506,08	4097,84	6585,18	7292,94
Investimentos de Curto Prazo	183,85	201,97	21,45	116,53

Contas a Receber, Líquido	7966,64	7941,05	9572,54	10411,5
Contas a receber - comércio, Líquido	6334,53	6516,56	7367,44	7891,08
Inventário	326,93	317,5	253,62	355
Despesas Antecipadas	670,34	743,95	307,16	293,69
Outros Ativos Circulantes, Total	6763,56	7723,67	6730,29	7471,76
Total do Ativo	**71891,82**	**65437,8**	**68639,04**	**65972,14**
Imobilizado - Líquido	38910,83	28425,56	26988,65	25905,31
Imobilizado - Bruto	141577,6	126795,68	121555,57	116979,17
Depreciação Acumulada, Total	-102666,77	-98370,12	-94566,92	-91073,87
Ágio, Líquido	-	-	-	788,66
Intangíveis, Líquido	3997,86	6948,45	8350,68	4136,23
Investimentos de Longo Prazo	77,21	75,61	136,51	135,65
Realizável a Longo Prazo	2995,56	715,98	627,56	738,83
Outros Ativos de Longo Prazo, Total	7917,07	7958,72	8787,89	8844,4
Outros Ativos, Total	-	-	-	-
Total do Passivo Circulante	**11835,92**	**10689,46**	**67891,61**	**61285,76**
A Pagar/ Acumulado	5593,94	5225,86	7627,17	6578,22

A Recolher/ Auferidos	-	-	-	-
Investimentos de Curto Prazo	2265,59	2606,14	3380,09	3701,41
Notas a Receber/ Empréstimos de Curto Prazo	-	-	-	-
Parcela Circulante das Obrigações de Arrendamento Mercantil	1836,48	672,89	54515,23	48086,29
Outros Passivos Circulantes, Total	2139,91	2184,56	2369,12	2919,85
Total do Passivo	**54241,5**	**42785,48**	**82445,02**	**73429,02**
Total de Endividamento de Longo Prazo	24540,29	15777,01	-	-
Endividamento de Longo Prazo	17900,36	15777,01	-	-
Obrigações de Arrendamento Mercantil	6639,93	-	-	-
Imposto de Renda Diferido	-	-	3076,92	1763,7
Participação de Acionistas Não Controladores	146,18	243,49	293,46	791
Outros Passivos, Total	17719,11	16075,51	11183,03	9588,57
Total do Patrimônio Líquido	**17650,33**	**22652,32**	**-13805,98**	**-7456,88**

Ações Preferenciais Resgatáveis	-	-	-	-
Ágio, Líquido	-	-	-	-
Ações Ordinárias, Total	32538,94	32038,47	21438,37	21438,37
Capital Social integralizado Adicional	-	-	-	-
Lucros Retidos (Prejuízos Acumulados)	-13852,47	-6032,12	-29124,84	-22759,82
Ações em Tesouraria - Ordinárias	-33,31	-2803,25	-5531,09	-5531,09
Garantia de Dívida de Opções de Compra de Ações	-	-	-	-
Ganho/(Perda) não Realizado(a)	-801,07	-519,3	-519,3	-373,51
Outros Patrimônios Líquidos, Total	-201,75	-31,48	-69,12	-230,83
Total do Passivo e Patrimônio Líquido	**71891,82**	**65437,8**	**68639,04**	**65972,14**
Ações Ordinárias em Circulação	**5952,36**	**3192,56**	**852,36**	**852,36**

* Em milhões de reais (R$) – exceto os dados por ação.

Fonte: https://www.br.investing.com/

A planilha que acabamos de analisar corresponde ao balanço patrimonial da operadora de telefonia Oi S.A. que, como sabemos, encontra-se atualmente (março de 2020) em recuperação judicial e procura se reerguer no cenário em meio à forte competição do setor. Logo de cara podemos perceber o decaimento, ano a ano,dos ativos da companhia que, muito provavelmente, deve estar se desfazendo dos mesmos para diminuir sua alavancagem. Quando olhamos para o passivo, percebemos que a dívida de longo prazo no ano de 2019 era de R$24,54 bilhões. Com a dívida de longo prazo neste patamar, a relação entre a dívida e o patrimônio líquido é de aproximadamente 1,4x e a razão entre a dívida e o seu caixa é de mais de 10 vezes, um cenário bastante preocupante.

Outro destaque negativo é a oscilação do patrimônio líquido que, nos anos de 2016 e 2017, chegou a ser negativo e a empresa acumula prejuízos ao invés de reter lucros. Como se não bastasse, percebemos que a empresa vem queimando caixa ano a ano, o que demonstra a situação de fragilidade operacional e financeira pela qual está passando.

Muito embora o balanço desta empresa nos revele um cenário desafiador, não devemos nos basear apenas neste documento para efetuarmos nossa análise. Como veremos mais adiante, existem outros documentos e indicadores importantes para nos assegurarmos da real situação financeira da empresa.

Além disso, no caso específico desta companhia, trata-se claramente de uma empresa em processo de turnaround e nada impede que – a depender do plano de recuperação elaborado pela sua equipe de gestores e da efetiva avaliação de seus ativos tangíveis e intangíveis – ela venha a se tornar novamente viável para que um investidor se torne sócio. Precisamos nos concentrar também no projeto de reestruturação e na capacidade de gestão dos seus controladores e não apenas nos demonstrativos financeiros atuais.

Ainda assim, ao olharmos para um balanço podemos ter uma percepção clara da condição atual, em termos financeiros e patrimoniais, em que se encontra uma determinada empresa. Também somos capazes de estimar o seu valor, através dos seus ativos ou do seu próprio patrimônio líquido. Além disso, ao analisar um balanço, somos capazes de verificar se uma empresa apresenta condições para efetuar o pagamento de dividendos aos seus sócios e acionistas, bem como mensurar o desempenho da companhia através da evolução do seu patrimônio líquido, receitas, lucros etc.

» Demonstrativo de Resultado de Exercício (DRE)

O DRE, ou Demonstrativo do Resultado do Exercício, pode ser considerado um dos mais importantes relatórios econômico-financeiros que uma empresa deve gerar. Sua principal função é detalhar a formação do resultado gerado no exercício, mediante a especificação das receitas, dos custos e das despesas dos seus dos elementos constituintes, até o resultado líquido final, ou seja, o lucro ou prejuízo.

Em essência, é através do DRE que conseguimos computar as receitas, as despesas e custos e, principalmente, saber dizer se a empresa está tendo lucro ou prejuízo no período de análise. Sua estrutura, de forma mais ampla, é definida pelo artigo 187 da Lei das Sociedades por Ações (Lei nº 6.404/1976), e deverá abranger os seguintes itens:

- A receita bruta das vendas e serviços, as deduções das vendas, os abatimentos e os impostos.
- A receita líquida das vendas e serviços, o custo das mercadorias e serviços vendidos, e o lucro bruto.
- As despesas com as vendas, as despesas financeiras deduzidas das receitas, as despesas gerais e administrativas, e outras despesas operacionais.
- O lucro ou prejuízo operacional.
- O resultado do exercício antes do Imposto sobre a Renda.
- As participações de debêntures, empregados, administradores e partes beneficiárias e de instituições ou fundos de assistência ou previdência de empregados.
- O lucro ou prejuízo líquido do exercício.
- O lucro ou prejuízo por ação do capital social.

Além disso, na determinação do resultado do exercício serão apurados as receitas e os rendimentos ganhos no período, bem como os seus custos, despesas, encargos e perdas, pagos ou incorridos. Se olharmos para a sua estrutura simplificada o modelo de DRE poderia assumir o seguinte formato:

Receita de Vendas

(–) Custos

(=) Lucro Bruto

(–) Despesas Operacionais

(=) Lucro Operacional

(+–) Resultado não Operacional

(=) Lucro Antes de Impostos sobre a Renda

(–) Impostos

(=) **Resultado Líquido ou Lucro ou Prejuízo Líquido**

Já se considerarmos a sua estrutura completa teríamos o modelo abaixo:

RECEITA OPERACIONAL BRUTA

Vendas de Produtos

Vendas de Mercadorias

Prestação de Serviços

(–) DEDUÇÕES DA RECEITA BRUTA

- Devoluções de Vendas
- Abatimentos
- Impostos e Contribuições Incidentes sobre Vendas

= **RECEITA OPERACIONAL LÍQUIDA**

(–) CUSTOS DAS VENDAS

- Custo dos Produtos Vendidos
- Custo das Mercadorias
- Custo dos Serviços Prestados

= **RESULTADO OPERACIONAL BRUTO**

(–) DESPESAS OPERACIONAIS

- Despesas Com Vendas
- Despesas Administrativas

(–) DESPESAS FINANCEIRAS LÍQUIDAS

Despesas Financeiras

(–) Receitas Financeiras

Variações Monetárias e Cambiais Passivas

(–) Variações Monetárias e Cambiais Ativas

OUTRAS RECEITAS E DESPESAS

Resultado da Equivalência Patrimonial

Venda de Bens e Direitos do Ativo Não Circulante

(–) Custo da Venda de Bens e Direitos do Ativo Não Circulante

= RESULTADO OPERACIONAL ANTES DO IMPOSTO DE RENDA E DA CONTRIBUIÇÃO SOCIAL E SOBRE O LUCRO

(–) Provisão para Imposto de Renda e Contribuição Social Sobre o Lucro

= LUCRO LÍQUIDO ANTES DAS PARTICIPAÇÕES

(–) Debêntures, Empregados, Participações de Administradores, Partes Beneficiárias, Fundos de Assistência e Previdência para Empregados

(=) **RESULTADO LÍQUIDO DO EXERCÍCIO**

Diferentemente do Balanço Patrimonial, através do DRE podemos obter uma análise dinâmica, mostrando a evolução do patrimônio e da situação financeira de uma empresa.

Basicamente, podemos enxergá-los sobre duas perspectivas: a primeira trata-se da perspectiva ou *análise vertical*, algumas vezes chamada estrutural, em que calculamos o percentual de cada item presente no DRE individualmente em relação ao faturamento bruto e, desta forma, podemos verificar quais fatores estão prejudicando ou contribuindo para o resultado da empresa. Podemos citar como exemplos os indicadores de margens líquida e bruta.

Já na *análise horizontal* acompanhamos a variação do valor de receita, despesa ou custo ao longo dos períodos, geralmente expressos em ganhos ou perdas percentuais relativas. Em outras palavras tem como foco a evolução dos resultados da empresa ao longo do tempo. Na planilha abaixo vemos um exemplo de Análise Vertical e Horizontal do DRE da empresa Alpargatas para o primeiro trimestre fiscal de 2020.

Tabela 13: Exemplo de análise Horizontal e Vertical a partir do DRE da empresa Alpargatas S.A. para o primeiro trimestre de 2020. Fonte: https://www.br.investing.com/.

R$ milhões	1T2020	1T2019	Δ (%)
Receita Líquida	747,0	819,0	-8,8
Brasil	549,5	611,0	-10,1
Internacional	197,5	208,0	-5,1
Lucro Bruto	**360,7**	**410,0**	**-12,0**
Margem Bruta	48,3%	50,1%	-1,8pp(*)
Brasil	244,8	268,3	-8,8
Margem Bruta	44,5%	43,9%	0,6pp
Internacional	116,0	141,7	-18,1
Margem Bruta	58,7%	68,1%	-9,4pp
Ebitda	**-8,8**	**137,3**	**-106,4%**
Margem EBITDA	**-1,2%**	**16,8**	**-17,9pp**
Brasil	-33,3	86,9	-138,3%
Margem	-6,1	14,2	-20,3pp
Internacional	24,5	50,4	-51,3%
Margem	12,4%	24,2%	-11,8pp
Total Itens Não Recorrentes	**81,0**	**-10,2**	**n/a**
Ebitda Recorrente	**72,2**	**127,1**	**-43,1%**

Margem EBITDA Recorrente	**9,7%**	**15,5%**	**-5,8pp**
Brasil Recorrente	55,9	84,2	-33,6%
Margem	10,2%	13,8%	-3,6pp
Internacional Recorrente	16,3	42,9	-61,8%
Margem	8,3%	20,6%	-12,3pp
Lucro Líquido das Operações Continuadas	**7,2**	**64,4**	**-88,8**
Lucro Líquido/Prejuízo das Operações Descontinuadas	16,1	-20,9	n/a
Lucro Líquido Consolidado	**23,3**	**43,5**	**-46,4%**
Lucro Líquido Recorrente	**50,6**	**69,8**	**-27,6**

(*) pontos percentuais

A planilha abaixo corresponde ao Demonstrativo de Resultado de Exercício da empresa Enauta. Considerando seus conhecimentos o que podemos concluir ao analisar estes números?

Tabela 14: Demonstração do Resultado do Exercício para a empresa Enauta S.A. (consolidado). Fonte: https://www.br.investing.com/.

Encerramento do Exercício:	2019	2018	2017	2016
	31/dez	31/dez	31/dez	31/dez
Receita Total	**1111,67**	**797,2**	**501,73**	**476,45**
Receita	1111,67	797,2	501,73	476,45

Outras Receitas, Total	-	-	-	-
Custos de Receitas, Total	757,04	458,55	227,71	240,73
Lucro Bruto	**354,63**	**338,65**	**274,01**	**235,72**
Total de Despesas Operacionais	901,45	383,48	159,38	355,15
Despesas com vendas, gerais e administrativas	94,93	96,15	84,29	45,85
Pesquisa e Desenvolvimento	30,8	7,92	-7,28	62,39
Depreciação/Amortização	1,87	1,72	2,83	3,74
Despesas com Juros (Lucro)	-1,79	-0,11	1,77	-0,51
Despesas extraordinárias (Lucro)	-	-	-	0,15
Outras Despesas Operacionais, Líquidas	18,6	-180,75	-149,94	2,79
Receitas Operacionais	**210,22**	**413,73**	**342,35**	**121,31**
Receita de Juros (Despesas)	16,05	95,87	112,4	51,01
Ganho (perda) na Venda de Ativos	-	-	-	-
Outros, Líquido	15,13	26,51	-20,13	-4,46
Lucro Antes dos Impostos	**241,41**	**536,11**	**434,62**	**167,85**
Provisão para Imposto de Renda	25,94	110,89	77,24	14,96
Lucro Líquido depois Despesas com Imposto	215,47	425,22	357,38	152,9
Participação dos Acionistas Minoritários	-	-	-	-
Patrimônio Líquido de Controladas	-	-	-	-
Ajuste de US GAAP	-	-	-	-
Lucro Líquido Antes de Itens Extraordinários	**215,47**	**425,22**	**357,38**	**152,9**

Itens Extraordinários	-	-	-	-
Lucro Líquido	**215,47**	**425,22**	**357,38**	**152,9**
Ajustes ao Lucro Líquido	-	-	-	-
Lucro Disponível ao Acionista Ordinário Excluindo Itens Extraordinários	**215,47**	**425,22**	**357,38**	**152,9**
Ajuste de Diluição	-	-	-	-
Lucro Líquido Diluído	215,47	425,22	357,38	152,9
Número Médio Ponderado de Ações - Diluído	262,23	261,47	258,87	257,85
Lucro Diluído Por Ação Excluindo Itens Extraordinários	**0,82**	**1,63**	**1,38**	**0,59**
Dividendos por Ações - Distribuição Primária de Ações Ordinárias	1,91	1,54	0,15	0,15
Lucro normalizado diluído por Ação	0,82	2	3,21	0,59

* Em milhões de reais (R$) – exceto os dados por ação.

Em um demonstrativo de resultado de exercício (DRE) podemos observar mais de perto a dinâmica operacional e o desempenho dos resultados de uma empresa. O DRE nos permite ser capazes de perceber aspectos tais como a evolução das receitas e dos custos necessários à produção dos bens e serviços.

Podemos notar no balanço acima, por exemplo, a evolução consistente de mais de 30% ao ano na receita líquida da Enauta ao longo dos anos 2016-2019. Se olharmos para as despesas operacionais veremos que elas também cresceram no mesmo ritmo das receitas, a mais de 35% ao ano. O desempenho operacional, medido pelos Lucros Operacionais antes dos impostos (Ebitda), um dos indicadores mais importantes para se analisar e precificar qualquer companhia, também está presente no DRE. No caso da Enauta, percebemos que apesar do aumento da receita, as despesas operacionais acabaram limitando de forma considerável o lucro operacional. Porém, mesmo assim, é possível afirmar que a empresa tem gerado bastante caixa ao longo dos anos.

Talvez a informação mais relevante quando analisamos qualquer empresa é se esta empresa tem sido lucrativa ou não. Tal informação está igualmente presente no DRE. Olhando o DRE da Enauta podemos pular direto para a parte que se refere ao lucro líquido e verificarmos que ela possui uma boa margem líquida, conseguindo transformar boa parte das suas receitas em lucro.

O DRE também nos fornece outras informações interessantes e potencialmente úteis quando analisamos uma empresa: através dele podemos descobrir quanto uma empresa gasta, por exemplo, em P&D. Se é uma empresa que depende de gastos em inovação e tecnologia para evoluir ou, pelo contrário, se ela não necessita de grandes investimentos de P&D para crescer os seus lucros. No caso da Enauta, percebemos que ela não depende fortemente de P&D para seguir crescendo sua receita e Ebitda. No ano de 2019, por exemplo, ela investiu 30 milhões de reais em P&D, o que representou menos de 10% de seu lucro bruto naquele ano. Nos anos anteriores ela investiu menos ainda, em termos de porcentagem, do seu lucro bruto em P&D o que a torna uma empresa menos dependente desse tipo de dispêndio para ser lucrativa.

Além dessas informações, um DRE pode ser útil para identificar possíveis gargalos ou pontos que demandam mais atenção na análise. Por exemplo, no DRE acima verificamos que embora a receita tenha expandido 40% entre 2018 para 2019, notamos que o total das despesas operacionais também cresceu, porém de forma desproporcional, elevando-se 135%. Tal fato pode ser eventual e não recorrente, porém, devemos olhar este ponto com mais atenção nos trimestres subsequentes de forma a acompanhar a evolução destes números.

Geralmente, para descobrirmos as razões para o aumento de determinados itens presentes num DRE ou balanço patrimonial devemos ler atentamente os releases e os informativos detalhados emitidos pela própria empresa. Na maior parte dos casos, eles contêm explicações para estes e outros números presentes nos resultados.

Entretanto, sempre devemos ter em mente que a visão que é exposta nos releases e informes trimestrais e anuais reflete a visão da alta administração da empresa e nem sempre condiz com a visão crítica e imparcial que devemos ter como investidores independentes. É sempre necessário ir além e, desta forma, tentar ler nas entrelinhas das contas patrimoniais e de resultado o que não está explícito ou evidente e pode passar despercebido numa primeira análise mais superficial.

A partir do DRE é possível derivar a maioria dos indicadores que vimos no capítulo 5 deste livro. Por exemplo: considerando-se o ano de 2019, ao dividirmos o lucro líquido obtido pela empresa pela receita total teremos a margem líquida, que no caso do exemplo acima, seria de 19,38% ou R$215,47 milhões divididos pela receita no valor de R$1.111.670.000,00 (um bilhão cento e onze milhões e seiscentos e setenta mil reais).

Se, no cálculo acima, ao invés do lucro líquido, escolhermos o lucro bruto, teremos como resultado a margem bruta, que no caso da Enauta foi de 31,9% para o ano de 2019 ou R$354.630.000,00 (trezentos e cinquenta e quatro milhões seiscentos e trinta mil reais) de lucro bruto dividido pela receita no valor de R$1.111.670.000,00.

Podemos também calcular um dos indicadores mais importantes, detalhado no capítulo 5, que é o Ebitda (ou Lajida em português). Então, nesse exemplo, o cálculo do Ebitda seria o seguinte:

+ 215,47 – **Lucro Líquido**;

+ 25,94 – **IR/CS** (impostos);

+ 14,26 (+16,05 - 1,79) – **Resultado Financeiro** (juros);

+ 1,87 – **Depreciação e Amortização**;

= 257,54 – **Ebitda**

Podemos ir além, combinando os dados presentes no DRE com os dados que estão no balanço patrimonial. Para obter o retorno sobre o patrimônio líquido, basta dividirmos o lucro líquido pelo patrimônio líquido e, caso estejamos interessados no Retorno sobre o Capital Investido, basta procedermos conforme o indicado no capítulo 5.

Mas você poderia se perguntar "porque tenho que saber calcular todos estes indicadores a partir das informações contidas nestes balanços e informes, se eu encontro estes indicadores prontos e mastigados em muitos sites de casas de análises na web?"

A resposta é provavelmente a mesma que um médico daria a uma pessoa que o indagasse a respeito do motivo de ter de estudar o corpo humano por anos a fio e ler tratados de anatomia para fornecer um diagnóstico a um paciente: é preciso conhecer em detalhes as causas e entender em minúcias o mecanismo de funcionamento do corpo humano para ser capaz de determinar com convicção e certeza a correta profilaxia para a doença a ser tratada.

É a velha máxima presente na história do mecânico que cobra caro para simplesmente poder apertar um parafuso em um motor. É preciso estudar e praticar horas a fio para saber qual o parafuso certo a apertar...

No caso da análise de balanço, como podemos nos certificar de que os valores dos indicadores encontrados em sites e casas de análises estão corretos? Melhor ir beber na fonte, não é mesmo? E, nesse caso, a fonte são os indicadores: o balanço patrimonial, o demonstrativo de resultados de exercício e o demonstrativo de fluxo de caixa.

Além disso, como já mencionei anteriormente, olhar apenas para os indicadores não irá lhe proporcionar uma visão adequada e realista da capacidade de gestão, do nível de transparência e da capacidade dessa empresa gerar valor para o acionista. Estas e outras características, só serão verdadeiramente capturadas e percebidas, se nos debruçarmos sobre os relatórios e informes que as empresas divulgam trimestralmente ou no final de cada ano.

Muitas vezes, nem isso será suficiente para termos certeza de que esta empresa, e não a do outro lado da rua é a escolha mais adequada. Às vezes é necessário visitar companhias in loco, para podermos nos certificar de que o que está escrito nos relatórios é realmente verídico, ou mesmo para descobrimos fatos ou virtudes que não encontramos no papel, mas que estão presentes na atmosfera e ambiente corporativo da empresa.

O DRE a seguir corresponde às contas de resultado da empresa Oi S.A. Observe que, diferente do demonstrativo da empresa analisada anteriormente, tanto a receita quanto o lucro decaem ano a ano enquanto as despesas operacionais crescem de forma contínua. Este relatório não deixa muitas margens para dúvidas acerca dos problemas enfrentados pela empresa. O lucro líquido está no vermelho desde 2016 embora exista uma possível não recorrente em 2018.

Se olhássemos apenas para os números que constam no DRE, não seríamos capazes de entender o porquê desta empresa apresentar um lucro líquido de mais de 20 bilhões de reais em 2018, sendo que nos anos anteriores ela apresentava retumbantes prejuízos. Uma pessoa desavisada que só olhasse para estes números poderia ficar com uma visão equivocada da empresa, pois poderia pensar que uma empresa com um lucro de 20 bilhões seria uma excelente oportunidade, não é mesmo?

Por isso é preciso atentar para mais de um informe de resultados e sempre procurar buscar mais informações, de preferência direto na fonte, seja no próprio site da bolsa ou no site de RI da própria empresa. Se assim o fizesse, perceberia que o ocorrido na verdade foi apenas uma manobra contábil que transformou a dívida líquida da empresa em capital, refletindo a aprovação de um plano de recuperação judicial.

Por estes e outros motivos nem sempre é fácil analisar uma conta de resultados. No caso da Oi, existem outros indícios que apontam para uma empresa com sérios problemas e alto risco financeiro. Para descobrir isso, bastaria correlacionar os números do DRE com os números presentes no seu balanço patrimonial e com o demonstrativo de fluxo de caixa, que veremos na próxima seção.

Bastaria uma olhadela nas linhas correspondentes ao lucro operacional e lucro líquido para perceber a perda de valor, ano a ano, para o acionista. Por isso, é mais do que aconselhado, é quase que uma obrigação para o investidor independente, observar e analisar os balanços e demonstrativos antes de qualquer investimento.

Mais do que isso, recomendamos aos investidores, principalmente os iniciantes: não se limitem apenas aos releases e notas explicativas disponibilizados pelos membros da diretoria das empresas sob análise. Estes documentos tendem a ser enviesados e, quase sempre, ressaltam apenas os aspectos positivos dos resultados operacionais.

Com bastante frequência, deficiências e falhas graves são jogadas por baixo do tapete ou ficam restritas apenas às letrinhas miúdas nos rodapés dos demonstrativos, pois sabem que quase ninguém irá reparar. Todo e qualquer detalhe anômalo nas linhas de resultado deverá ser questionado e detalhado para que se possa compreender se aquilo se trata de algo recorrente ou não recorrente e se irá comprometer a estrutura de funcionamento da empresa no futuro.

Tabela 15: Demonstração do Resultado do Exercício da empresa Oi S.A.

Encerramento do Exercício:	2019	2018	2017	2016
	31/dez	31/dez	31/dez	31/dez
Receita Total	**20136,18**	**22060,01**	**23789,65**	**25996,42**
Receita	20136,18	22060,01	23789,65	25996,42
Outras Receitas, Total	-	-	-	-
Custos de Receitas, Total	15314,81	15584,65	14986,25	16015,52
Lucro Bruto	**4821,37**	**6475,36**	**8803,4**	**9980,9**
Total de Despesas Operacionais	**23113,55**	**16273,47**	**26150,68**	**27387,69**
Despesas com vendas, gerais e administrativas	6329,98	6872,75	7579,65	8179,08
Pesquisa e Desenvolvimento	-	-	-	-
Depreciação/ Amortização	-	-	-	-
Despesas com Juros (Lucro)	5,17	13,49	0,43	5,12
Despesas extraordinárias (Lucro)	-	-11054,8	-	-
Outras Despesas Operacionais, Líquidas	1463,58	4857,38	3584,35	3187,98
Receitas Operacionais	**-2977,37**	**5786,54**	**-2361,03**	**-1391,27**
Receita de Juros (Despesas)	-4913,48	17608,76	3041,86	-2668,27
Ganho (perda) na Venda de Ativos	-	-	-	-
Outros, Líquido	-1196,24	-2054,69	-6238,37	-1020,24

AÇÕES S.A.

Lucro Antes dos Impostos	**-9087,09**	**21340,61**	**-5557,54**	**-5079,78**
Provisão para Imposto de Renda	8,02	-3274,95	1098,62	3125,8
Lucro Líquido depois Despesas com Imposto	-9095,11	24615,56	-6656,16	-8205,58
Participação dos Acionistas Minoritários	94,67	-24,41	291,14	177,61
Patrimônio Líquido de Controladas	-	-	-	-
Ajuste de US GAAP	-	-	-	-
Lucro Líquido Antes de Itens Extraordinários	**-9000,43**	**24591,14**	**-6365,02**	**-8027,97**
Itens Extraordinários	-	-	-	-
Lucro Líquido	**-9000,43**	**24591,14**	**-6365,02**	**-8027,97**
Ajustes ao Lucro Líquido	-	-	-	-
Lucro Disponível ao Acionista Ordinário Excluindo Ítens Extraordinários	**-9000,43**	**24591,14**	**-6365,02**	**-8027,97**
Ajuste de Diluição	-	-	-	-
Lucro Líquido Diluído	-9000,43	24591,14	-6365,02	-8027,97
Número Médio Ponderado de Ações - Diluído	5944,06	1500,6	675,67	675,67
Lucro Diluído Por Ação Excluindo Itens Extraordinários	**-1,51**	**16,39**	**-9,42**	**-11,88**

Dividendos por Ações - Distribuição Primária de Ações Ordinárias	-	-	-	-
Lucro normalizado diluído por Ação	-1,25	11,82	-13,74	-11,88

* Em milhões de reais (R$) – exceto os dados por ação.
Fonte: https://www.br.investing.com.

O mais importante quando estudamos empresas, é saber identificar aquelas que possuem pontos fracos e problemas mais sérios em seus resultados. Mais importante, talvez, do que selecionar as melhores, seja descartar as piores, pois, caso contrário, poderá reduzir drasticamente o valor aportado em tais companhias, assim como a renda que ela poderia lhe proporcionar no futuro. Veja o caso abaixo, da empresa OGX Petróleo e Gás Participações S/A. Se o leitor prestar atenção na evolução (ou seria involução...) dos números apresentados a cada demonstrativo financeiro anual, desde o início de suas operações, veria claramente o tamanho do problema em que a empresa estava se metendo.

O demonstrativo de resultados a seguir diz respeito ao demonstrativo individualizado da empresa OGX: ao analisá-lo, percebemos que não havia geração de receita, ao passo que os custos e despesas operacionais e financeiras se amontoavam e cresciam ano a ano. Se olharmos para o resultado consolidado, envolvendo todas as empresas que faziam parte do conglomerado de Eike Batista na época, perceberemos que a receita era pequena ou nula. O que havia na época em que a OGX fez o seu IPO na bolsa era apenas a promessa de produção, muita especulação a respeito dos campos de petróleo e o excesso de euforia a respeito dessa possível geração de riqueza, que não se concretizou nos anos seguintes.

É preciso ter cautela com empresas em IPOs, pois é muito frequente a criação de expectativas de lucro fora da realidade. No caso específico das empresas do Grupo X, capitaneadas pelo visionário empresário Eike Batista, o que se via era um otimismo exacerbado não lastreado em fatos. Eike Batista era uma figura carismática e com grande poder de persuasão e convencimento. Mas só isso não basta, é preciso que a expectativa se traduza em disciplina financeira e capacidade de gestão.

Tabela 16: Resultado anual consolidado de Demonstração de Resultados de OGX Petróleo e Gás Participações S/A de 2010 a 2016. Fonte: https://www.br.investing.com/.

	4T16	4T15	4T14	4T13	4T12	4T11	4T10
Receita de Venda de Bens e/ou Serviços	0	0	0	0	0	0	0
Custo dos Bens e/ou Serviços Vendidos	0	0	0	0	0	0	0
Resultado Bruto	0	0	0	0	0	0	0
Despesas/Receitas Operacionais	-122,25	-69,13	-9886,57	-9786,61	-279,02	-445,97	-178,36
Resultado Antes do Resultado Financeiro e dos Tributos	-122,25	-69,13	-9886,57	-9786,61	-279,02	-445,97	-178,36
Resultado Financeiro	-1,63	-335	-3,72	726	5,21	143,00	77,64
Resultado Antes dos Tributos sobre o Lucro	-123,88	-69,47	-9890,30	-9785,89	-273,81	-302,97	-100,71
Imposto de Renda e Contribuição Social sobre o Lucro	0	0	0	0	913	-19,06	-22,75
Resultado Líquido das Operações Continuadas	-123,88	-69,47	-9890,30	-9785,89	-272,90	-322,03	-123,47
Resultado Líquido de Operações Descontinuadas	0	0	9884,52	0	0	0	0
Lucro/Prejuízo do Exercício	-134,56	-69,47	-5,77	-9785,89	-272,90	-322,03	-123,47
Lucro por Ação (Reais / Ação)	0	0	0	0	0	0	0

* Em milhões de reais (R$) – exceto os dados por ação.

Fonte: http://www.br.investing.com

As ações da OGX chegaram a valer a incrível soma de R$2.313,00 como podemos ver no gráfico a seguir, sem que se fosse extraída uma única gota de petróleo. Repare nos dois extremos apontados no gráfico.

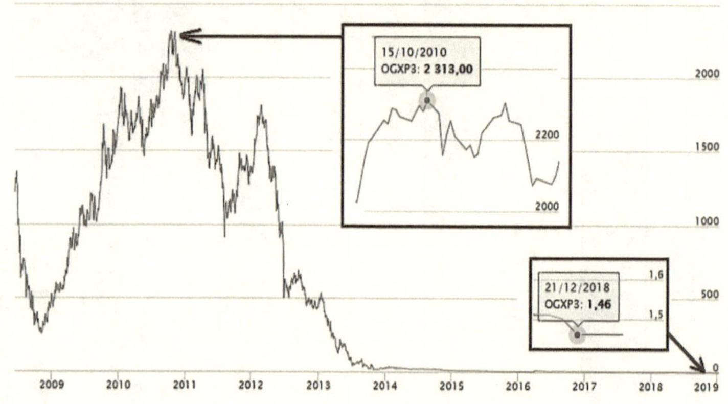

Figura 32: Cotação da empresa OGX Petróleo
e Gás Participações S/A entre 2009 e 2019.
Fonte: http://www.fundamentus.com.br.

A empresa demorou mais de 5 anos para produzir petróleo, e quando começou a produção, era bem aquém do que era esperado. As despesas e obrigações foram se amontoando e, pouco a pouco, a confiança depositada pelos investidores que acreditaram nas promessas de Eike Batista e do futuro glorioso do Grupo X, foi se transformando em decepção e temor de perda de patrimônio. As ações que chegaram a valer mais de R$2.000,00 em 2010 passaram a valer pouco mais de 1 real alguns anos depois.

A companhia em questão não gerou receita no período e, portanto, a análise já poderia parar por aqui. Além disso, no período do estudo verificamos que nenhum lucro foi auferido, pelo contrário, observe o prejuízo bilionário registrado no ano de 2013. Trata-se de um caso extremo de balanço no qual a análise é bem trivial, bastaria olhar para essas duas linhas e fim de papo. Entretanto, nem sempre é assim, pois, na maioria dos casos, haverá anos bons e anos ruins e a análise será bem mais complexa, demandando mais informações e ferramentas auxiliares.

A seguir apresento mais um documento financeiro importante para auxiliar o investidor na análise de uma empresa e na sua decisão de investimento.

» Demonstrativo de Fluxo de Caixa (DFC)

Quando olhamos para o DRE estamos interessados em saber, basicamente, se a empresa em questão é lucrativa ou se está dando prejuízo. Com o DRE olhamos a produtividade da companhia e as suas margens. Procuramos entender se o que está sendo gasto com investimento em máquinas e pessoas está efetivamente se transformando em lucro operacional. Dito em outras palavras, queremos saber se a empresa está sendo eficiente em balancear gastos e despesas versus receitas.

Todavia, um DRE sempre é baseado no regime de competência, permitindo que vendas a crédito sejam lançadas como receitas. O problema com este procedimento é que existe a inadimplência e, portanto, nem sempre as vendas se convertem em receitas e vão parar de fato no caixa da empresa.

Para contornar este e alguns outros aspectos que não estão claramente representados num DRE é que foi criado o Demonstrativo de Fluxo de Caixa (DFC), baseado no regime de caixa, para que seja possível verificar de forma simples e clara o fluxo de dinheiro que entra e que sai do caixa de uma empresa, ao longo de um trimestre ou de um ano. O DFC permite determinar a capacidade de uma empresa de honrar com as suas obrigações, executar as suas atividades operacionais e crescer no futuro.

Podemos agrupar os fluxos de caixa em três grandes grupos: a) Fluxo de Caixa de Atividades Operacionais (FCO), b) Fluxo de Caixa de Investimentos (FCI) e c) Fluxo de Caixa de Atividades de Financiamento (FCF). O componente Fluxo de Caixa Total será a resultante da soma destes fluxos de tal forma que:

$$\text{Fluxo de Caixa Total} = \text{FCO} + \text{FCI} + \text{FCF}$$

Como aspecto importante a se destacar, podemos mencionar o fato de que o fluxo de caixa desempenha um papel crucial para os acionistas interessados em renda passiva, uma vez que os proventos distribuídos pela empresa dependem fortemente do seu fluxo de caixa.

Além disso, uma das formas mais utilizadas para se avaliar o preço justo para a ação de uma companhia é através do cálculo do valor presente dos fluxos de caixa que serão gerados pela empresa no futuro, mais conhecido como método do fluxo de caixa descontado. Basicamente existem duas formas de se calcular o demonstrativo de fluxo de caixa de uma empresa:

» Método direto

Como o próprio nome informa, ele aponta de forma detalhada e direta, os valores referentes aos recebimentos e aos pagamentos que foram efetivamente realizados pela empresa em um determinado intervalo temporal. Ele aponta os resultados brutos, diferentemente do método indireto que informa os resultados líquidos. Podemos dizer, em síntese, que o método direto revela as entradas e saídas do caixa, referentes às atividades operacionais, de forma individual. As etapas para o cálculo do fluxo de caixa operacional através do método direto são os seguintes:

(+) Recebimento de clientes
(–) Pagamentos a fornecedores
(–) Pagamentos aos funcionários
(–) Pagamentos de juros
(–) Impostos

E o resultado desses fluxos indica o total de caixa gerado pelas operações.

» Método indireto

O método indireto de DFC faz uso de informações presentes no DRE e BP e é baseado no regime de competência e não no regime de caixa. Recebe esta denominação justamente por se basear mais no DRE do que nos fluxos de caixa (volumes de entrada e saída) propriamente ditos.

Importante mencionar que embora tenham procedimentos e formas diferentes de serem construídos, eles constituem pontos de vista diferentes de uma mesma análise e, sendo assim, o resultado deve ser o mesmo para os dois métodos. As etapas para o cálculo do Fluxo de Caixa Operacional de uma empresa de acordo com o método indireto são as seguintes:

(+) Lucro Líquido

(+) Depreciação e Amortização

(+) Provisão para Devedores Duvidosos

(+/−) Aumento/Diminuição em Fornecedores

(+/−) Aumento/Diminuição em Contas a Pagar

(+/−) Aumento/Diminuição em Contas a Receber

(+/−) Aumento/Diminuição em Estoques

(+/−) Caixa Líquido das Atividades Operacionais

No início, o lucro líquido é adicionado aos montantes de amortização e depreciação, que não possuem efeito caixa. O cálculo leva em consideração também outros itens contábeis tais como impostos, juros que foram pagos ou recebidos, variação no estoque, provisão para devedores duvidosos etc.

A seguir irei apresentar, de forma resumida, os três componentes principais de um DFC que são importantes para se ter em mente na hora de compor os indicadores financeiros de uma empresa.

» Fluxo de Caixa Operacional (FCO)

O fluxo de caixa resultante das atividades operacionais da empresa durante determinado período é expresso pelo seu Fluxo de Caixa Operacional. Para calculá-lo partimos do lucro líquido e em seguida adicionamos ao lucro os itens não caixa (amortização e depreciação) e as mudanças no capital de giro líquido. A seguir apresento, de forma simplificada, um resumo de um fluxo de caixa fictício para averiguarmos a posição final do caixa em um demonstrativo financeiro. O exemplo irá ajudar na fixação deste conceito relevante:

Receitas	R$100.000,00
Despesas	R$29.000,00
LAIR	R$71.000,00
Impostos	R$24.000,00
Fluxo de Caixa Operacional	R$47.000,00

Onde LAIR é a sigla para Lucro Antes do Imposto de Renda.

Em outras palavras, podemos entender a fórmula do Fluxo de Caixa Operacional como sendo igual ao LAIR (Lucro Antes do Imposto de Renda), menos os Impostos devidos. Tudo o que não fizer parte dos FCO irá compor o chamado fluxo de caixa não operacional, que resulta das atividades de financiamento – empréstimos, subscrição de ações, etc. – e de atividades de investimento (por exemplo: P&D e aquisição de ativos tangíveis).

Analisando periodicamente este indicador, é possível descobrir o potencial real de geração de capital da empresa a partir das suas operações. Outra forma de enxergarmos o fluxo de caixa operacional, utilizando o método direto, é através da sequência de passos abaixo:

(+) recebimentos de clientes
(–) pagamento de fornecedores
(–) pagamento a funcionários
(–) recolhimento ao governo
(–) pagamento ao governo
(–) pagamentos a credores diversos

Algumas empresas tendem a utilizar modelos de negócios lastreados em vendas a prazo. Na maioria dos casos, as receitas provenientes destas vendas são lançadas nos demonstrativos de resultados. O grande problema com este procedimento é que os fluxos financeiros resultantes dessas vendas não irão ocorrer de imediato, ou seja, só entrarão no caixa algum tempo depois. Em tempos difíceis, por exemplo, em crises macroeconômicas, caso ocorra uma alta na inadimplência estes recebíveis que foram lançados como "lucro" se transformarão em perdas e a empresa ficará bastante vulnerável do ponto de vista financeiro.

Se analisarmos apenas os Demonstrativo de Resultados de Exercício e Balanço Patrimonial dessa empresa e não atentarmos para os fluxos de caixa essa situação de fragilidade não será percebida. Uma sequência de fluxos de caixa operacionais negativos pode indicar um problema de consumo de caixa, mesmo se o Ebitda e lucro líquido sejam positivos. Fluxo de caixa negativo para uma empresa indica descapitalização, ou seja, um aumento no seu risco de insolvência e merece atenção por parte do investidor.

» Fluxo de Caixa de Investimento (FCI)

Representa o fluxo de caixa resultante após o pagamento ou obtenção de recursos, sejam eles de terceiros ou dos sócios, para financiar as operações da empresa. São basicamente os empréstimos e financiamentos propriamente ditos para "financiar" o operacional da empresa. Aumentos de capital, a emissão de novas ações, notas promissórias, recompra de papéis ou quaisquer outros passivos podem entrar nesse rol de atividades de financiamento.

Em geral, a empresa busca meios de sustentar financeiramente as suas operações atuais e, obviamente, tentar evoluir através da expansão das operações, aumentando as suas receitas e a sua escala de atuação. Uma maneira rápida de descobrir os instrumentos de financiamento empregados por uma empresa é analisando o seu fluxo de caixa de investimento.

» Fluxo de Caixa Financeiro (FCF)

A evolução dos saldos monetários, sejam eles positivos ou negativos, determinada pela previsão de entradas e saídas de recursos financeiros e que, portanto, não dizem respeito às operações de negócio da companhia, são descritas pelo Fluxo de Caixa Financeiro. Neste rol de eventos podemos incluir, por exemplo, os financiamentos, o CAPEX, as operações bancárias, os aportes dos sócios etc.

Ao analisar o fluxo de caixa operacional das empresas da bolsa poderemos perceber que muitas delas apresentam uma forte geração de caixa operacional, porém quando observamos sob o prisma do fluxo de caixa das operações financeiras, elas podem estar com problemas. Estes problemas podem decorrer, por exemplo, do elevado grau de alavancagem e endividamento, de operações de seguros ou hedges mal planejadas e executadas, captação de recursos mediante emissão de debêntures ou outros instrumentos de dívida a taxas de juros muito altas, entre outros fatores.

O ponto aqui é que devemos observar, também, a questão de gestão financeira de uma empresa e não apenas a sua geração de caixa. Podemos citar como exemplo o caso da Sadia S.A. que incorreu em perdas bilionárias que quase a levaram à falência em 2008, apesar de gerar muito caixa operacional à época. A tabela a seguir resume os passos para o cálculo dos três tipos de fluxo de caixa mencionados através do método direto:

Tabela 17: Cálculo dos três tipos de fluxo de caixa.

Fluxo de Caixa
Das Atividades Operacionais
(+) Recebimentos de Clientes e outros
(–) Pagamentos a Fornecedores
(–) Pagamentos a Funcionários
(–) Recolhimentos ao Governo
(–) Pagamentos a Credores Diversos
(=) Disponibilidades geradas pelas (aplicadas nas) Atividades Operacionais

Das Atividades de Investimentos (+) Recebimento de Venda de Imobilizado (–) Aquisição de Ativo Permanente (+) Recebimento de Dividendos (=) Disponibilidades geradas pelas (aplicadas nas) Atividades de Investimentos
Das Atividades de Financiamentos (+) Novos Empréstimos (–) Amortização de Empréstimos (+) Emissão de Debêntures (+) Integralização de Capital (–) Pagamento de Dividendos (=) Disponibilidades geradas pelas (aplicadas nas) Atividades de Financiamento
Aumento / Diminuição Nas Disponibilidades Disponibilidades no início do período - Disponibilidade no final do período

Fonte: autor.

» CAPEX

O termo CAPEX – do inglês Capital Expenditure – permeia os relatórios financeiros das empresas e é um conceito importante, pois define a quantidade de recursos financeiros que uma empresa necessita para adquirir bens de capital e conseguir manter ou expandir o escopo de sua produção. O CAPEX não deve ser confundido com as despesas de operação – ou OPEX, do inglês Operational Expenditure – que são os gastos de natureza contínua e de curto prazo, necessários para a realização das operações da empresa. Em outras palavras podemos dizer que o CAPEX representa a parte dos recursos da empresa que é empregada para adquirir novos ativos fixos – tais com maquinários, imóveis etc. Já a manutenção desses ativos está relacionada ao OPEX.

Algumas empresas necessitam de um elevado CAPEX apenas para poder manter as suas operações. Empresas do setor de petróleo, celulose e siderurgia são alguns exemplos de empresas que demandam muito CAPEX para se manterem ou para crescerem.

Em geral empresas do setor de serviços ou tecnologia demandam pouco CAPEX. A Suzano, por exemplo, é uma empresa que apenas para manter o maquinário necessário para produzir as milhões de toneladas de papel e celulose funcionando, necessita de uma porcentagem alta da sua receita na forma de CAPEX.

Já uma empresa do setor de Seguros como a Sulamérica, por exemplo, não demanda uma quantidade muito grande investimento em ativos e imobilizados[20] para manter o seu negócio funcionando.

Uma forma fácil de identificarmos se um ativo está associado ao CAPEX é o fato de que para ser considerado CAPEX ele necessita sofrer depreciação ou amortização. A depreciação nada mais é do que o desgaste natural que um ativo sofre com o tempo: por exemplo, um caminhão ou trator de uma empresa que se desgastam com o tempo. Já o

---

20 Os ativos imobilizados são o conjunto de bens necessários à manutenção das atividades da empresa, caracterizados por apresentar-se na forma tangível – edifícios, máquinas etc.

conceito de amortização pode ser encarado como uma depreciação, porém se aplica a ativos intangíveis como licenças, patentes ou coisas do gênero. Para podermos localizar o CAPEX devemos olhar para o fluxo de caixa de investimentos e pode ser descrito de várias formas dentre as quais podemos citar:

- Aquisições de imobilizado
- Despesas de capital
- Adições ao imobilizado

» Fluxo de Caixa Livre (FCL)

A sobra de dinheiro em caixa após saldar todas as suas obrigações é o que chamamos de caixa livre. Trocando em miúdos, o Fluxo de Caixa Livre é o caixa que fica à disposição para todos os acionistas da empresa após o pagamento dos impostos, das taxas, dos juros e de quaisquer outras obrigações. Conhecer o fluxo de caixa livre de uma empresa é muito importante, pois permite saber o quanto uma empresa pode investir ou remunerar os seus acionistas sem comprometer as suas finanças e sem ter de incorrer em alavancagem desnecessária ou coisas do gênero.

Uma empresa que gera quantidade crescente de caixa é uma empresa com bom fluxo operacional e que encontra boa demanda para os seus produtos e serviços no mercado, mas uma empresa que gera bastante "caixa livre" é uma empresa que, além de ter um bom desempenho operacional, é eficiente, sabe empregar os recursos e possui boa gestão financeira. Tais virtudes se materializarão mais à frente em mais dividendos para o acionista, valorização do papel ou mais dinheiro livre para investir em novos projetos.

De acordo com Damodaram (2004), uma das formas mais simples de se calcular o fluxo de caixa livre é partir do lucro antes dos Juros e Impostos (EBIT), somar a depreciação e deduzir os Desembolsos de Capital e a Necessidade de Capital de Giro (NCG). Este cálculo pode ser expresso da seguinte forma: (=)

(=) Lucro antes do pagamento de juros e impostos (**EBIT**) × (1 – alíquota fiscal)

(+) Depreciação e Amortização

(=) **EBITDA**

(–) Desembolsos de Capital

(+) Gastos de Capital de Giro (Capex)

(–) Ganhos de Capital

(×) (1-Taxa de imposto sobre a Sociedade (alíquota fiscal))

(–) Novas Emissões da Dívida e Crédito

(=) Fluxo de Caixa Livre (FCL) ou Fluxo de Caixa da Empresa (FCE)

Caso já saibamos de antemão qual o CAPEX e o Fluxo de Caixa Operacional, basta adicionar este dois termos para obtermos o Fluxo de Caixa Livre:

$$FCL = FCO + CAPEX$$

Uma forma interessante de saber se uma empresa está gerando mais recursos do que consumindo é subtrair o Fluxo de Caixa Livre do CAPEX. Se esta conta for positiva, isso significa que ela gera mais dinheiro do que consome.

Por outro lado, se a conta for negativa, ela consome mais dinheiro do que gera. Um indicador negativo por alguns semestres não necessariamente precisa ser entendido como algo negativo, pois em determinados momentos uma empresa pode estar expandindo suas operações e para isso necessita de caixa. Contudo, é preciso verificar se esta conta fica no negativo por muito tempo sem que haja sinal algum de reversão no horizonte: nesse caso a empresa queimará o seu caixa para manter o seu negócio de pé.

» Conclusão

O DFC possui vários aspectos que consideramos positivos para a análise da saúde financeira de uma empresa, dentre os quais podemos destacar:

- Permitir a descoberta de discrepâncias entre o lucro líquido produzido e a geração de caixa de uma empresa.
- Possibilitar o monitoramento da situação corrente do caixa
- Analisar a capacidade de geração de caixa da empresa
- Avaliar se uma empresa poderá fazer investimentos ou distribuir dividendos sem ter de queimar o seu caixa.
- Obter o Fluxo de Caixa Livre (FCL) trimestral ou anual de uma empresa.

Assim como já foi dito anteriormente, o DFC e, em particular, o Fluxo de Caixa Livre, são apenas duas de muitas ferramentas que devemos observar quando avaliamos uma empresa. Sempre o melhor a se fazer é utilizar uma combinação de vários indicadores e, se possível, estudar e se aprimorar sempre na contabilidade, que é a linguagem universal empregada pelas empresas.

Para consolidar o que foi dito acima sobre o Demonstrativo de Fluxo de Caixa e a sua relevância para o acionista, iremos analisar agora o DFC da empresa Enauta S.A., que pode ser visualizado na planilha abaixo.

Assim como já foi dito anteriormente, o DFC e, em particular, o Fluxo de Caixa Livre, são apenas duas de muitas ferramentas que devemos observar quando avaliamos uma empresa. Sempre o melhor a se fazer é utilizar uma combinação de vários indicadores e, se possível, estudar e se aprimorar sempre na contabilidade, que é a linguagem universal empregada pelas empresas.

Para consolidar o que foi dito acima sobre o Demonstrativo de Fluxo de Caixa e a sua relevância para o acionista, iremos analisar agora o DFC da empresa Enauta S.A., que pode ser visualizado na planilha abaixo:

Tabela 18: Fluxo de Caixa Operacional da empresa Enauta S.A. (consolidado. Fonte: https://www.br.investing.com/.

Encerramento do Exercício:	2019	2018	2017	2016
	31/dez	31/dez	31/dez	31/dez
Período:	12 Meses	12 Meses	12 Meses	12 Meses

Lucro Líquido do Exercício	**215,47**	**425,22**	**357,38**	**152,9**
Fluxo de Caixa das Atividades Operacionais	**551,47**	**588,47**	**428,78**	**341,77**
Depreciação /Exaustão	285,18	153,09	65,58	67,15
Amortização	-	-	-	-
Impostos Diferidos	-30,92	42,52	-0,95	1,12
Itens não Monetários	64,62	40,72	82,47	117,21
Recebimentos	-	-	-	-
Pagamentos em Espécie	-	-	-	-
Impostos Pagos	-	27,49	6,24	-
Juros Pagos	-	-	-	-
Capital de Giro	17,13	-73,08	-75,7	3,39
Fluxo de Caixa das Atividades de Investimento	**-30,73**	**-155,89**	**-355,43**	**-427,35**
Despesas de Capital	-235,5	-107,16	-118,16	-122,86
Outros Fluxos de Caixa das Atividades de Financiamento, Total	204,76	-48,73	-237,27	-304,49
Fluxo de Caixa das Atividades de Financiamento	**-538,34**	**-436,28**	**-74,81**	**-50,67**
Itens de Financiamento	-	-	-	-
Total de Dividendos pagos	-500	-400	-38,68	-38,68
Emissão de Ações (Aposentadoria), Líquido	-	-	-	-
Emissão de Dívida (Aposentadoria), Líquido	-38,34	-36,28	-36,13	-11,99
Efeito do Câmbio	8,84	44,92	2,53	-26,69
Variações Líquidas no Caixa	**-8,76**	**41,22**	**1,08**	**-162,93**

* Em milhões de reais (R$) – exceto os dados por ação

Na linha em negrito, correspondente ao Fluxo de Caixa Operacional, percebemos uma evolução ascendente ano a ano – o que significa que o operacional da empresa está indo bem. Nas linhas seguintes temos o descritivo do fluxo de caixa das atividades operacionais. Perceba que, provavelmente, a empresa possui apenas ativos fixos imobilizados e nenhum ativo intangível visto que a linha correspondente à amortização está sem lançamentos.

A próxima seção apresenta o fluxo de caixa de investimento e, nela, podemos observar que – apesar de bastante lucrativa – o dispêndio referente ao CAPEX para este tipo de empresa está num crescente e é consideravelmente alto, girando em torno de quase 50% do fluxo operacional de 2019 e 30% para 2018. Para extrair o óleo e gás, que é a sua atividade fim, a empresa necessita de grandes somas de capital e precisa adquirir ativos fixos para incrementar a produção e elevar as suas receitas.

Logo na sequência, aparece o fluxo de caixa de atividades de financiamento. Neste trecho são contabilizados, por exemplo, os empréstimos realizados ou os proventos distribuídos aos acionistas. No caso específico da Enauta, foram realizados pagamentos expressivos de dividendos no valor de R$400 milhões e R$500 milhões nos anos fiscais de 2018 e 2019, respectivamente, e nenhum item de financiamento foi lançado. Verificamos que para o período de análise a variação cambial não exerceu significativa influência em termos de efeito caixa.

Na última linha temos a variação líquida de caixa no período. Apesar de ter obtido lucro expressivo com suas operações, o que resultou num fluxo de caixa operacional elevado, neste período a Enauta contabilizou uma variação negativa no seu caixa. Provavelmente isso ocorreu devido ao pagamento de dividendos que foi significativo. Se aprofundarmos nossa análise e verificarmos os demais demonstrativos, iremos perceber que a empresa possui na sua conta de disponibilidades um valor extremamente expressivo de quase R$1,5 bilhão e, portanto, a distribuição de dividendos não representa um problema para o caixa da empresa. Na tabela seguinte, a título de comparação, apresento o DFC da empresa de telefonia Oi S.A..

Tabela 19: Fluxo de Caixa Operacional da empresa Oi S.A. (consolidado). Fonte: https://www.br.investing.com/.

Encerramento do Exercício:	2019	2018	2017	2016
	31/12	31/12	31/12	31/12
Período:	12 Meses	12 Meses	12 Meses	12 Meses
Lucro Líquido do Exercício	-9087,09	21340,61	-5557,54	-5079,78
Fluxo de Caixa das Atividades Operacionais	2311,64	2862,54	4401,76	3100,32
Depreciação /Exaustão	6873,94	5811,12	5109,29	5483,47
Amortização	-	-	-	-
Impostos Diferidos	-	-	-	-
Itens não Monetários	6525,97	-21922,01	5398,63	6460,86
Recebimentos	-	-	-	-
Pagamentos em Espécie	-	-	-	-

Impostos Pagos	245,65	683,48	506,9	499,23
Juros Pagos	927,26	22,1	3,93	2232,98
Capital de Giro	-2001,19	-2367,18	-548,62	-3764,23
Fluxo de Caixa das Atividades de Investimento	-6850,68	-4916,88	-4421,66	-3917,42
Despesas de Capital	-7425,51	-5246,24	-4344,24	-3263,57
Outros Fluxos de Caixa das Atividades de Financiamento, Total	574,84	329,37	-77,42	-653,85
Fluxo de Caixa das Atividades de Financiamento	2235,66	-424,34	-691,77	-6119,22
Itens de Financiamento	13,62	3,09	-104,45	-204,78
Total de Dividendos pagos	-0,44	-0,05	-59,46	-37,81
Emissão de Ações (Aposentadoria), Líquido	3997,43	-	-300,43	-
Emissão de Dívida (Aposentadoria), Líquido	-1774,96	-427,38	-227,44	-5876,63
Efeito do Câmbio	-	1,33	11,11	-398,5
Variações Líquidas no Caixa	-2303,38	-2477,36	-700,57	-7334,81
Saldo Inicial em Caixa	4385,32	6862,69	7563,25	-
Saldo Final em Caixa	2081,94	4385,33	6862,68	-
Fluxo de Caixa Livre	-5113,87	-2383,7	57,52	-
Crescimento do Fluxo de Caixa Livre	-	-	-	-
Rendimento do Fluxo de Caixa Livre	-	-	-	-

* Em milhões de reais (R$) – exceto os dados por ação

Observe que o valor da conta de amortização/depreciação é quase o triplo do valor do fluxo de caixa operacional, que segue caindo ano a ano. Além disso, ainda nessa seção, chamam a atenção os valores da conta Itens Não Monetários, que são muito elevados em relação ao fluxo de caixa. As despesas de capital são igualmente altas e tem aumentado ano a ano – como se pode ver na seção referente ao fluxo das atividades de investimento. Não seria um grande problema desde que o Ebitda e o fluxo de caixa livre aumentassem proporcionalmente.

Podemos ver no item relativo ao fluxo de caixa livre que a empresa está queimando caixa para manter as suas operações e, ao mesmo tempo, tentando investir para crescer. Só no ano de 2019, a Oi consumiu mais de R$5 bilhões de caixa, sendo que no ano anterior ela já havia reduzido o seu caixa em R$2,3 bilhões. Com certeza, após analisar este DFC e os demais demonstrativos de resultados, percebemos que a sustentabilidade dessa empresa no longo prazo está seriamente comprometida.

Caso nada seja feito em termos de rearranjos estruturais, vendas de ativos ou ações por parte da diretoria para sanar o sangramento de caixa que vem ocorrendo já há algum tempo na empresa a empresa poderá vir à falência em poucos anos.

O caso da Oi se contrapõe ao caso da empresa analisada anteriormente que, mesmo distribuindo elevadas quantias em proventos aos seus acionistas, ainda permanece com um caixa robusto e com um fluxo de caixa operacional saudável.

Com esse exercício simples, fomos capazes de perceber as principais características de cada um dos três principais demonstrativos produzidos por uma companhia. Mesmo sem entrar em maiores detalhes a respeito de cada um, já foi possível destacar os pontos mais relevantes na análise contábil de uma empresa, tendo em mente os critérios de seleção para se tornar um sócio.

Gostaria de destacar o caráter meramente didático empregado no estudo apresentado, e que as empresas mencionadas foram escolhidas sem o intuito de recomendação de compra ou venda ou algo do gênero. Tenha em mente que, conforme explicado anteriormente, existem inúmeros critérios e indicadores que devemos atentar na hora de escolher uma ação para a nossa carteira, e a análise contábil, ainda que imprescindível, é apenas um deles.

Capítulo 7

Porque os dividendos importam?

Quando uma empresa prospera, ela produz frutos na forma de lucros que, por sua vez, podem ser distribuídos aos acionistas na forma de proventos (dividendos ou juros de capital próprio). Mesmo que o lucro resultante no balanço patrimonial da empresa não seja significativo, ela pode gerar recursos na forma de fluxo de caixa livre, que podem ser igualmente distribuídos aos sócios. Nesse caso, ao receber tal provento, o acionista irá se deparar com dois caminhos possíveis: a) ele poderá reinvestir tais proventos recomprando mais ações ou b) simplesmente utilizar tal rendimento da forma como melhor lhe convenha sem reinvesti-lo na empresa.

Ao entrar na bolsa, a imensa maioria das pessoas não está interessada nos dividendos e juros de capital próprio que são pagos ao acionista. Muitos nem sabem direito o que é esse valor que aparece do nada e sem avisar na conta da sua corretora. O que muitos não sabem é que esse dividendo poderá ser o grande propulsor do seu patrimônio e da geração de renda passiva no longo prazo. Em outras palavras, pode fazer a diferença na sua busca pela independência financeira.

Um investidor inteligente, ao receber um provento de determinada empresa, utiliza este provento para comprar ações da empresa pagadora ou de outra empresa da sua carteira. Agindo desta forma você estará potencializando o retorno dos seus investimentos ao permitir que o poder multiplicador dos juros compostos e a engrenagem do tempo atue sobre o seu patrimônio.

Para demonstrar a tese de que é necessário reinvestir os proventos recebidos das empresas das quais você é sócio, realizei estudos utilizando a história pregressa das empresas, contada através das suas cotações e dos proventos distribuídos. Desta forma, analisei os dados de duas empresas durante um período de 10 anos. Num primeiro cenário analisei o comportamento do patrimônio após a compra de 1000 ações da empresa fabricante de calçados Grendene, no ano de 2006, mais especificamente em outubro de 2006, por um investidor hipotético.

Os proventos distribuídos pela empresa a cada ano foram utilizados na compra de ações da própria empresa. Após 10 anos o patrimônio resultante é computado e comparado com o case no qual os dividendos não eram reinvestidos. Os resultados são realmente impressionantes. Como podemos observar na Tabela 20, após 10 anos de reinvestimento dos proventos, o retorno foi de 20,05% comparado com um retorno de 12,83% caso os proventos não fossem reinvestidos.

De forma semelhante, também realizei um estudo com as ações do banco do Brasil e, após 10 anos de análise, os resultados foram igualmente impactantes: o retorno considerando o reinvestimento dos proventos para compra de ações foi de 26,59%, enquanto o retorno sem levar em conta o reinvestimento dos proventos foi de apenas 13,89%.

Tabela 20: Resultados para o primeiro estudo de caso – Grendene. Fonte: Grendene RI.

Quantidade de ações	Aplicação inicial	Cotação em 27/10/2006	Cotação em 27/10/2016
1000	R$2,000.00	R$2.00	R$6.69

Ano	Dividendos por ação	Ações adquiridas com dividendos	Quantidade de Ações (Total)
2006	0.13	49	1049
2007	0.14	123	1172
2008	0.14	63	1235
2009	0.10	43	1278
2010	0.18	82	1360
2011	0.37	101	1461
2012	0.33	71	1532
2013	0.26	75	1607
2014	0.29	80	1687
2015	0.35	89	1776
2016	0.42	82	1858

AÇÕES S.A.

Valor Patrimônio (Sem div. Reinvestidos)	Valor Patrimônio (com div. Reinvestidos)
R$6,690.00	R$12,430.02
Valorizacao	Valorização
334.50%	621.50%
Rent. Anual (juros composto)	Rent. Anual (juros composto)
12.83%	20.05%

Tabela 21: Resultados para o segundo estudo de caso – Banco do Brasil. Fonte: Banco do Brasil RI.

Quantidade de ações	Aplicação inicial	Cotação em 27/10/2006	Cotação em 27/10/2016
1000	R$9,150.00	R$9.15	R$33.59

Ano	Dividendos por ação	Ações adquiridas com dividendos	Quantidade de Ações (Total)
2006	2.03	127	1127
2007	1.06	195	1322
2008	1.40	111	1433
2009	1.78	127	1560
2010	1.84	186	1746
2011	1.61	192	1938
2012	2.39	219	2157
2013	1.63	184	2341
2014	2.02	342	2683
2015	1.17	128	2811
2016	0.82	68	2879

Valor Patrimônio (Sem div. Reinvestidos)	Valor Patrimônio (com div. Reinvestidos)
R$33,590.00	R$96,705.61
Valorizacao	**Valorização**
367.10%	1056.89%
Rent. Anual (juros composto)	**Rent. Anual (juros composto)**
13.89%	26.59%

Durante este recorte temporal a bolsa brasileira passou por períodos de apogeu e de declínio e, justamente por isso, ele foi escolhido. No ano de 2006 a economia brasileira estava num bom momento e a bolsa havia subido 30% naquele ano. Já em 2016 a economia brasileira estava em crise e o índice Bovespa estava tentando se recuperar.

Ao longo do período de manutenção das ações, nós podemos perceber uma grande variação na quantidade de ações compradas, de um ano para outro, em ambos os cases. Tal comportamento ocorre porque, quando a cotação de determinada ação decresce, é possível comprar mais ações dessa empresa, ao passo que, em momentos de alta, a quantidade de ações recompradas é obviamente menor.

Além disso, a distribuição de proventos, apesar de irregular apresenta um efeito composto interessante. Em anos "gordos", ou seja, em que há maior distribuição de proventos, é possível comprar mais ações e, como os dividendos do ano seguinte incidirão sobre o montante de ações acrescido dessas ações compradas com os proventos, a tendência é aumentar ainda mais o dividendo e com isso aumentar a quantidade de ações recompradas e assim por diante.

A escolha dessas duas empresas foi proposital, pois se trata de ações de empresas que possuem elevado free float, constância no pagamento de proventos e, acima de tudo, são empresas lucrativas.

No caso do Banco do Brasil percebemos que, mesmo com um dividendo por ação decrescente ou, na melhor das hipóteses constante, foi possível acumular uma quantidade de ações considerável ao término do período de estudo, até maior que a quantidade de ações acumulada no segundo caso.

No caso da Grendene, percebemos um dividendo crescente ao longo do período, o que provavelmente indica que os lucros da empresa também foram crescentes, permitindo a compra de uma boa quantidade de ações – que só não foi maior, pois o preço da ação tende a acompanhar o lucro, limitando assim o resultado expresso pela expressão abaixo:

$$\textit{Quant. ações recompradas} = \left[\frac{\textit{proventos por ação} \times \textit{quantidade de ações}}{\textit{preço por ação}}\right]$$

Quando não reinvestimos os proventos que são distribuídos por uma empresa, não estamos fazendo uso da força dos juros compostos a nosso favor. Nesse caso, ficamos muito dependentes da valorização do preço da ação para compor o nosso retorno ao final do período. Ao reinvestir os dividendos potencializamos os ganhos já que aumentamos a quantidade total de ações em nossas mãos. Com mais ações em mãos receberemos mais dividendos, ou seja, mais renda passiva, que poderá ser reinvestida novamente e, desta forma, o círculo virtuoso se repete.

Figura 33: Gráfico demonstrativo do crescimento de US$1.000,00 (Um mil dólares) investidos em ações nos EUA ao longo do período de 1871-2003. Com somente US$243.286 resultantes de ganhos de capital. Isso faz com que os dividendos sejam uma fonte criadora de riquezas muito maior. Fonte: SIEGEL, 1994.

O maior objetivo do investidor de longo prazo deveria ser a geração de renda passiva e não a acumulação de capital. Embora isso possa parecer um contrassenso, ou mesmo sem sentido, afirmamos que é que a formação de renda passiva que gerará a tranquilidade para poder tornar-se independente de um emprego fixo e de ser um assalariado para o resto de suas vidas. A simples acumulação de patrimônio não poderia ser o foco principal a direcionar os investimentos e sim uma consequência natural dos aportes constantes em boas empresas.

Ter uma renda passiva, se possível mensal, proporcionará liberdade ao investidor para que possa se concentrar em outras atividades além do seu trabalho e, ao longo do tempo, você poderá usufruir dessa renda para a sua aposentadoria. O que chamamos de renda passiva aqui é todo e qualquer provento que lhe seja concedido e que não faça parte do seu salário como empregado.

Uma pessoa poderá obter renda passiva de muitas formas – dentre as quais podemos citar: renda proporcionada pelos lucros de um negócio próprio, auferida pelo aluguel de imóveis, pela participação em outro negócio ou rendimento obtido pelas aplicações em papéis de renda fixa, por exemplo. A minha proposta é que esta renda passiva seja alcançada através da aquisição de ações de empresas sólidas, lucrativas e que remunerem o acionista de forma satisfatória.

Mas porque acumular patrimônio não deveria por si só ser o objetivo de qualquer investidor no mercado financeiro?

A resposta não é tão simples, já que muitos confundem geração de renda com acumulação de bens e patrimônio, que são conceitos bem distintos. Ao se acumular bens e ativos você deverá confiar pura e simplesmente na sua posterior valorização. Se esta valorização não ocorrer para esta apreciação no futuro você, na verdade, perderá dinheiro aos poucos. Em outras palavras, o patrimônio sem geração de um fluxo de renda constante e perene tende a perder valor com o tempo. Lembre-se: acumular patrimônio deveria ser consequência e não o propósito de sua existência.

Assim, o que proponho como fonte de geração de renda passiva é a aquisição de ações de empresas pagadoras de dividendos sem que, com isso, renunciem a seu potencial de crescimento e valorização. A escolha de um portfólio de ações composto por empresas que paguem bons dividendos e que tenham um histórico de remuneração adequada de sua base acionária é o nosso objetivo aqui.

» Estudo de caso: TAESA

Como primeiro estudo de caso eu irei apresentar alguns dados e informações a respeito da empresa transmissora de energia TAESA, a qual tem remunerado de forma bastante satisfatória o seu acionista ao longo dos últimos anos conforme podemos conferir na tabela 22 abaixo e no gráfico da figura 34.

Tabela 22: Total de dividendos pagos, dividendos distribuídos por UNIT, payout e dividend yield para a empresa TAESA no período de 2009 a 2019. Fonte: TAESA RI.

Ano	Dividendos Pagos (R$)	Dividendos por Unit (R$)	Payout (%)	Yield (%)
2009	311.554.164,54	3,55	95,0	9,5
2010	106.330.405,05	1,21	95,0	4
2011	740.614.312,83	8,43	86,5	12,5
2012	588.534.821,49	1,71	88,1	7,8
2013	759.284.109,73	2,20	91,1	12,1
2014	1.010.666.210,12	2,93	94,1	15,6
2015	756.990.697,08	2,20	90,7	13,1
2016	931.542.016,62	2,70	90,9	13,0
2017	608.320.597,10	1,77	91,5	8,3
2018	960.205.071,68	2,79	89,9	11,8
2019	651.344.664,73	1,89	92,3	6,1

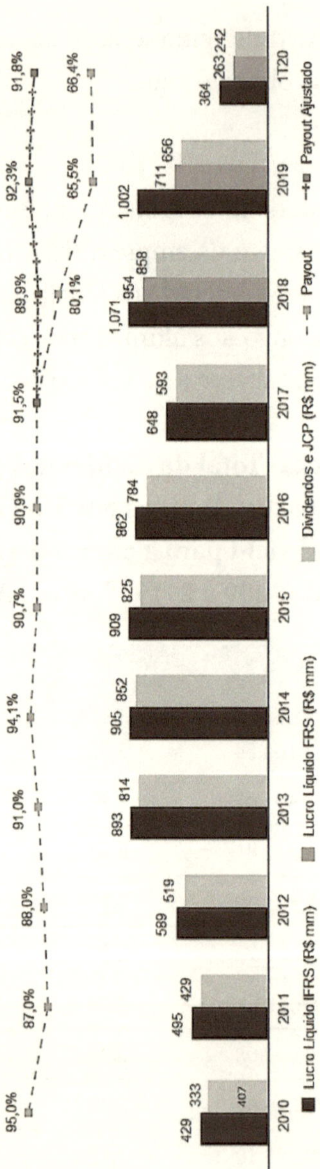

Figura 34: Gráfico do lucro líquido, do payout e do valor
dos dividendos distribuídos pela empresa TAESA S.A.
no período de 2009 a 2019. Fonte: TAESA RI.

Existe uma falácia a respeito de empresas que pagam bastante dividendos que diz que elas têm um baixo crescimento e, por consequência, teriam pouca valorização na cotação dos seus papéis ao longo do tempo. Como podemos observar no gráfico da figura 35 isso não é uma verdade. As ações da TAESA multiplicaram por 10x o seu valor em 10 anos, uma valorização expressiva de mais de 1000%!

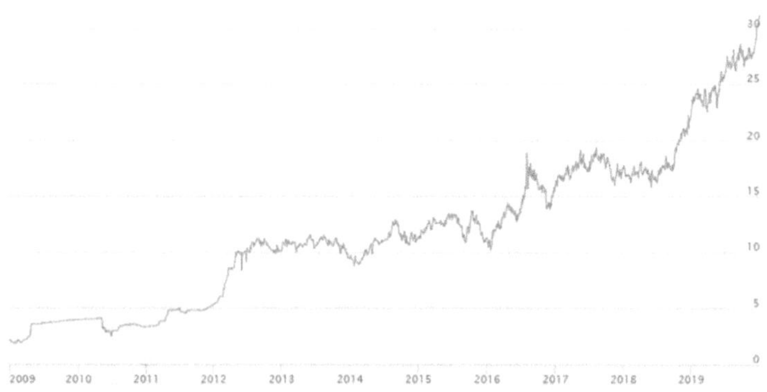

Figura 35: Variação da cotação de uma UNIT da empresa TAESA no período de 2009 a 2019. Fonte: http://www.fundamentus.com.br.

» Estudo de caso: Itaúsa

Outra empresa que costuma remunerar bem os seus acionistas, distribuindo parte relevante de seus lucros, é a holding Itaúsa S.A. Ano a ano, essa empresa tem aumentado o total de dividendos distribuídos e isto tem proporcionado um excelente yield on cost para o acionista.

Tabela 23: Dividendos Totais pagos por ano (R$) pela Itaúsa. Fonte: Autor.

Ano	Total de Dividendos Pagos (Líquido)	Total de Dividendos Unitários (Líquido)
	(R$ Mil)	(R$)
2019	7.034.364	0.83
2018	8.426.563	1.00
2017	6.600.733	0.88
2016	3.734.473	0.50
2015	2.716.653	0.40
2014	2.437.792	0.39
2013	1.877.426	0.34
2012	1.662.097	0.34
2011	1.616.775	0.36
2010	1.426.956	0.32
2009	1.232.181	0.28
2008	1.415.246	0.36
2007	1.164.689	0.33
2006	1.106.660	0.35
2005	758.018	0.24
2004	592.259	0.18
2003	521.256	0.16
2002	352.377	0.11
2001	335.506	0.11

2000	283.189	0.09
1999	213.064	0.073

Como podemos observar na tabela acima, um acionista que tivesse adquirido um lote com 1000 ações preferenciais desta empresa em janeiro de 1999, pagando o total de R$140,00 ou R$0,14 por ação (cotação de 04/01/1999), e tivesse reinvestido ano a ano os dividendos distribuídos recomprando mais ações preferenciais, teria, no início de 2019, um total de 21.667 ações que lhes proporcionariam um total de R$17.983,33 em proventos creditados em sua conta ao longo deste ano.

Por outro lado, se nosso amigo não reinvestisse os dividendos, teria ao final do período um total de R$830,00 em proventos, referentes às 1000 ações iniciais que adquiriu, uma diferença considerável em termos de rentabilidade e renda passiva. Os dividendos reinvestidos neste caso gerariam um efeito de juros compostos de 39,55% contra um retorno de 23,19% apenas com a valorização da ação.

Tabela 24: Evolução na quantidade de ações acumuladas sob reinvestimento dos dividendos a partir de um lote de 1000 ações PN da Itaúsa entre 1999 e 2019. Fonte: Autor.

Ano	Cotação[1]	Dividendos Recebidos[2]	Qtd Ações Recompradas com Dividendos	Dividendos Recebidos[2]	Qtd Total de Ações[3]
2019	11,18	0,83	1298,00	17983,33	**22965**
2018	8,18	1,00	1629,00	18216,06	**21667**
2017	5,80	0,88	1769,00	14473,41	**18216**
2016	8,37	0,58	1370,00	7949,72	**16447**
2015	6,14	0,53	746,00	6244,56	**13706**
2014	6,34	0,37	610,00	3747,76	**11782**
2013	5,81	0,33	456,00	2892,52	**10157**
2012	4,89	0,41	536,00	3115,04	**8819**
2011	5,15	0,43	612,00	2994,67	**7530**
2010	6,45	0,40	494,00	2547,00	**6918**
2009	5,08	0,41	352,00	2270,82	**6424**
2008	2,03	0,40	367,00	1865,29	**5520**
2007	4,69	0,31	567,00	1151,72	**4684**
2006	3,14	0,25	190,00	891,80	**3743**
2005	1,12	0,24	252,00	792,24	**3553**
2004	0,82	0,18	457,00	511,92	**3301**

2003	0,40	0,16	464,00	380,80	**2844**
2002	0,45	0,11	513,00	205,37	**2380**
2001	0,37	0,11	366,00	165,11	**1867**
2000	0,35	0,09	293,00	108,72	**1501**
1999	0,14	0,07	208,00	73,00	**1208**

[1]Cotação média obtida no 1º dia útil do ano.

[2]Valores em Reais (R$).

[3]Considerando as bonificações emitidas pela empresa neste período.

De uma forma simples e direta podemos concluir que a melhor estratégia para o acionista de longo prazo, que pretende viver da renda gerada pelo seu portfólio de ações é, sem dúvida, alguma reinvestir a integralidade dos dividendos que lhes forem pagos através da recompra de ações. Mesmo se o acionista optar por adquirir ações de outras empresas de seu portfólio, aproveitando as oportunidades de mercado que surgirem, ainda assim esta estratégia se mostraria vantajosa com o passar do tempo.

Capítulo 8

"Eu seria mendigo nas ruas com uma caneca de lata se os mercados fossem eficientes."

Warren Buffett.

"Eu acredito na disciplina de dominar o melhor do que qualquer outra pessoa já fez. Não acredito em simplesmente ficar sentado e tentar descobrir tudo sozinho. Ninguém é tão inteligente"

Charlie Munger.

Qual a melhor forma de se investir em ações? Será melhor aportar uma única vez ou realizar aportes regulares? Devo reestruturar a minha carteira toda semana, a cada virada de mês ou devo modificar meu portfólio somente quando realmente necessário? Tentarei responder essas e outras perguntas neste capítulo, portanto se segure na poltrona que a sessão já vai começar...

Buy And Hold

Existe uma forma de pensar e agir no mercado de ações denominada filosofia buy and hold, na qual os investidores compram ações e as mantêm para sempre, ou pelo menos enquanto elas fizerem sentido no seu portfólio de ações.

Dentro do que chamamos buy and hold podemos ter algumas subdivisões, de acordo com a forma de alocar o capital ao longo do tempo, adquirindo as ações para o longo prazo. Basicamente os dois modos mais disseminados no meio financeiro seriam:

Estratégia de alocação seletiva e oportunista, tentando acertar as mínimas ou comprar nos bear markets e segurar nas altas ou bull markets.

Alocação regular e frequente do capital com o aporte mensal em ações que compõem ou irão compor o portfólio.

A estratégia da boca do jacaré

Todos sabem que o Senhor Mercado – metáfora criada pelo investidor Benjamin Graham para representar o mercado de ações (Graham, 1973) – tem altos e baixos e oscila bastante ao longo do tempo. Em dias que ele acorda de bom humor, os índices sobem, a despeito dos negócios das empresas negociadas. Da mesma forma, os índices costumam cair em dias que ele fica de mau humor e com cara de poucos amigos. O fato é que, de vez em quando, ocorre uma grande ressaca no mercado de capitais, particularmente na bolsa de valores, que chacoalha tudo e arrasta os índices para baixo.

Na maioria das vezes os preços das ações têm forte correspondência com o valor subjacente das empresas e representa de forma satisfatória o seu valor intrínseco. Porém, em tempos de crise ou "ressaca", as cotações em bolsa tendem a se descolar do real valor das empresas e do verdadeiro potencial de fluxo de caixa futuro que elas podem gerar. Nesse momento é que alguns investidores, se comportando como os jacarés, predadores vorazes da natureza, ficam imóveis por muito tempo com a boca aberta, aguardando a hora certa de dar o bote e abocanhar a sua presa.

Apelidamos esta forma de investir como estratégia da boca do jacaré, pois se assemelha muito ao comportamento deste predador. Tem na figura de Luiz Barsi Filho, o maior investidor pessoa física da bolsa brasileira, o seu maior expoente. Esta estratégia não é válida apenas para períodos de grande depressão – os ditos bear markets – podendo ser aplicada em qualquer tempo já que surgem oportunidades isoladas para determinadas empresas tanto em mercados de alta quando de baixa.

Uma condição necessária e suficiente para a sua execução é a existência de uma reserva, quer seja dinheiro em caixa, ou mesmo aplicações líquidas que possam ser convertidas em dinheiro rapidamente. O investidor ficará aguardando pacientemente o momento em que uma determinada ação ou grupo de ações caírem muito abaixo de seu valor intrínseco. Neste momento, deverá agir rápido, adquirindo tais ações e incorporando-as à sua carteira pessoal.

Trata-se de uma estratégia simples, porém poderosa. Contudo aparenta ser mais fácil do realmente é na prática pois depende fortemente da paciência e psicologia do investidor. Não é fácil formar uma reserva e não fazer uso dela antes do tempo, assim como não é tranquilo comprar uma ação rejeitada pelo mercado e da qual todo mundo está se desfazendo. Como dito no capítulo 4, é muito difícil nadar contra a corrente e não seguir a manada.

A seguir listamos alguns períodos, nos últimos 20 anos, em que a estratégia da boca do jacaré poderia ter sido acionada para adquirir ativos de valor a preços convidativos na bolsa brasileira:

» Estouro da bolha da internet em março de 2000

Neste período as empresas de tecnologia encontravam-se sobrevalorizadas e houve um grande ajuste de preços global com o colapso das empresas desse setor. Como os mercados do mundo todo foram abalados, surgiram oportunidades de compra também aqui no Brasil.

» Eleição presidencial de 2002 que elegeu Luiz Inácio Lula da Silva (Lula)

Neste período havia um temor generalizado de que as medidas adotadas, caso um governo de esquerda fosse eleito, fossem contra os interesses do mercado e pudessem prejudicar os lucros das empresas listadas em bolsa. As ações de empresas estatais também despencaram com o temor do intervencionismo por parte do governo federal.

Crise dos subprimes de que eclodiu em julho de 2007

Esta crise abalou o sistema financeiro mundial e foi responsável por uma das maiores quebradeiras em instituições bancárias nos Estados Unidos. Aqui no Brasil, apesar de não ter tido a mesma repercussão ela fez com que o preço dos ativos tivesse uma desvalorização significativa. De maio de 2008 a outubro de 2008 o Ibovespa caiu mais de 40 mil pontos, o que equivalia a mais de 60%.

Para se ter uma ideia do tamanho da crise a ação preferencial da Petrobras, por exemplo, despencou de um patamar de aproximadamente R$38,00 para pouco mais de R$12,00 reais em alguns meses. As ações de bancos, como o Banco do Brasil, caíram de um patamar de R$16,00 para algo em torno de R$6,00 reais, um tombo de mais de 70%. Os preços vieram abaixo sem que houvesse reflexos relevantes nos fundamentos e resultados operacionais das empresas, que quase não sentiram a crise. Foi sem sombra de dúvidas mais uma excelente oportunidade de colocar em ação a estratégia da boca de jacaré.

» Edição da medida provisória MP579, editada no final de 2012, no governo de Dilma Rousseff

Esta medida provisória afetou diretamente as empresas do setor elétrico. Muitas empresas deste setor tiveram suas cotações muito reduzidas em bolsa. Alguns anos após a edição desta medida ela foi revista e aos poucos as cotações dessas companhias voltaram a um patamar menos descontado. À época as empresas mais afetadas foram as empresas estatais como Cemig, Eletrobrás, Copel etc.

» Impeachment de Dilma Rousseff (2016)

Durante todo o processo de investigação que culminou com o impeachment da ex-presidenta Dilma Rousseff, em agosto de 2016, a bolsa brasileira mergulhou em um mercado de urso (bear market) e no fundo do poço atingiu pouco mais de 39 mil pontos. Neste momento era possível encontrar verdadeiras barganhas na bolsa. Para se ter ideia, as ações do Banco do Brasil chegaram a valer R$10,84 em janeiro daquele ano.

Nesse período era possível comprar ações do Banco Itaú a R$11,00 e ações preferenciais da Petrobras a módicos R$3,95. Praticamente toda a bolsa estava em liquidação nesta época e havia um grande descontentamento e desconfiança por parte dos investidores acerca do futuro do país. De fato, quem foi otimista, teve sangue frio e comprou ações de empresas como a companhia Vale do Rio Doce, por exemplo, viu o seu patrimônio se multiplicar por 7 em pouco mais de 2 anos.

» Joesley Day (2017)

Como relatado no capítulo 4, este evento de natureza política, ocorrido em 17 de maio de 2017, foi responsável pela queda brusca e repentina do Ibovespa (8,8% em um único dia). Apareceram oportunidades de compra de inúmeras ações da bolsa, dentre as quais podemos citar principalmente as empresas estatais Petrobras, Cemig e Banco do Brasil além do setor de carnes – em particular as ações do conglomerado privado representado pela JBS.

» Pandemia do Coronavírus (2020)

A crise deflagrada pela pandemia do coronavírus, que teve início em Wuhan na China em meados de dezembro de 2019, e que perdura até os dias atuais – ou pelo menos até a data da escrita deste livro – apesar de trágica para a sociedade e para as milhares (ou milhões) de famílias afetadas, representou ao mesmo tempo uma chance para adquirir ações de boas empresas a preços muito abaixo da média dos últimos anos.

O Ibovespa despencou do alto dos seus 120 mil pontos em Janeiro de 2020 para atingir um fundo próximo dos 61 mil pontos em 19 de março deste ano. Perdeu quase 50% em valor absoluto.

Muitas empresas, principalmente as empresas dos setores mais afetados pela pandemia – empresas de turismo, transporte aéreo e administradoras de shopping centers – tiveram o seu valor diminuído em até 60% desde o pico em janeiro. Ao analisarmos a fundos os números dos balanços e as perspectivas e projeções futuras de resultados, vimos claramente que o mercado exagerou na dose e gerou assimetria de valor para essas e outras empresas.

O curioso é que esta crise afetou não apenas as ações de empresa desses setores supramencionados, mas até mesmo empresas sólidas, com forte posição em caixa, pertencentes a setores pouco afetados pelo isolamento social imposto pela pandemia – como energia elétrica, saneamento básico e gás.

No período de 19 de fevereiro a 23 de março as ações ordinárias da Sabesp caíram mais de 50%, as ações preferenciais da Comgás caíram mais de 40% desde o seu pico em janeiro. Ações de empresas como a Taesa e Transmissão Paulista, que foram pouco afetadas pela pandemia, pois detinham a maioria de seus contratos de transmissão de energia com vigências de 10, 20 ou 30 anos à frente, tiveram quedas de até 25% em suas ações oferecendo dessa forma uma clara oportunidade de compra.

Nestes pontos da nossa história ocorreram eventos que, de uma forma ou de outra, geraram oportunidades de compra de ações de empresas brasileiras na bolsa conforme mostra o gráfico da figura abaixo.

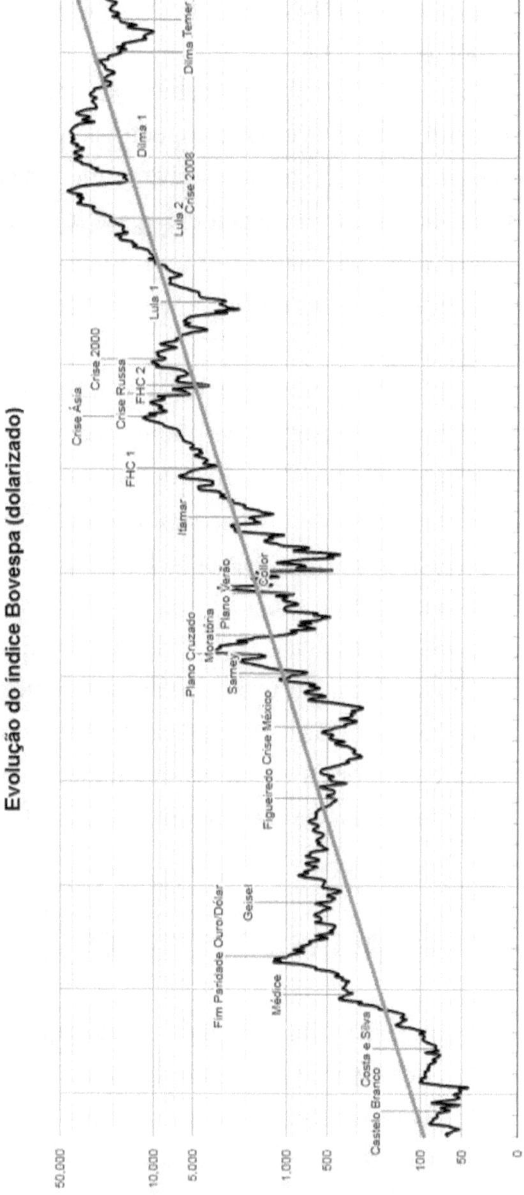

Figura 36: Evolução do índice Bovespa (dolarizado) entre os anos de 1965 e 2020. Fonte: https://www.clubedospoupadores.com/acoes/crise-financeira (adap.)

Neste gráfico podemos observar claramente a recuperação do mercado acionário brasileiro após algumas crises econômicas e solavancos políticos.

Obviamente fica muito mais fácil perceber estas janelas de oportunidade quando olhamos em retrospecto, já que no calor do momento o pânico e a histeria coletiva tendem a se instalar e assim dificultam a clareza das ideias para tomada de decisões. Mas, indubitavelmente, surgiram muitas oportunidades para comprar excelentes empresas a preços muito abaixo de seu valor intrínseco.

Essas foram algumas das oportunidades que surgiram nos últimos 15 ou 20 anos. Deixamos de mencionar várias outras ocasiões em que crises políticas, institucionais, ameaças de guerras, entre outros eventos geraram condições propícias para a aquisição de ativos a preços muito abaixo do valor intrínseco das empresas subjacentes.

De toda forma, esta estratégia só deveria ser seguida caso o investidor já tenha adquirido uma grande experiência e feeling de mercado. Caso contrário existem outras técnicas, tais como a estratégia dos aportes regulares detalhada a seguir, que seriam mais adequadas para o investidor iniciante.

A estratégia dos aportes regulares

Existem alguns pontos que necessitam de mais cuidado quando se adota a estratégia do buy and hold. Não basta comprar uma ação e segurar ela para sempre pensando que no longo prazo ela irá se valorizar, é preciso todo um trabalho de base, de garimpagem, para escolher e selecionar ações que sejam perenes, resistentes às intempéries, crises e solavancos que inevitavelmente irão ocorrer ao longo do caminho.

Porém, nesta estratégia, o que realmente faz a diferença no longo prazo é a disciplina e a regularidade dos aportes mensais, semanais ou trimestrais que serão realizados. A estratégia de separar uma parte do seu salário, todo mês, para investir nas empresas que compõem a sua carteira, sem ficar girando o portfólio a todo o momento, trocando de ações como quem troca de roupa antes de ir ao trabalho é muito poderosa e eficiente.

Há quem faça críticas a este procedimento de aporte regular, sem levar em consideração o momentum[21] do mercado, argumentando que ao comprar todo mês sem que sejam observados os padrões ou dinâmica dos preços, o investidor teria um retorno subótimo ou muito abaixo do retorno obtido por quem pratica o market timing ou a estratégia da boca de jacaré. Entretanto, tal hipótese não tem comprovação empírica nem tampouco se sustenta quando olhamos para o longo prazo.

Façamos um exercício de imaginação: imagine que de uma hora para outra você tenha adquirido superpoderes e seja capaz de adivinhar os melhores momentos para realizar os aportes e adquirir ações. Então você define uma estratégia da seguinte forma: guardar R$100,00 todo mês na conta da sua corretora e, sempre que a bolsa atingir o seu menor patamar – o chamado ponto ótimo, você utiliza o total deste montante acumulado para adquirir ações para a sua carteira[22].

---

21 Quando mencionamos o momentum nos referimos à tendência ou movimento de alta ou de baixa do mercado.

22 Segundo a lógica da estratégia exposta, as ações da carteira hipotética seguiriam o índice Ibovespa.

A estratégia tal como descrita no parágrafo acima foi idealizada pelo analista Luiz Fellipo da Nord Research e documentada em seu artigo intitulado Investir é para humanos (FELIPPO, 2019). Neste artigo ele prossegue na sua análise e afirma que se tal procedimento fosse seguido à risca por 40 anos o resultado poderia ser sintetizado no gráfico abaixo:

Figura 37: Gráfico ajustado pela inflação que representa a evolução de patrimônio após aportes realizados em pontos de mínimo idealmente selecionados, ao longo dos últimos 40 anos, em uma carteira fictícia que segue o índice Bovespa. Fonte: https://www.nordresearch.com.br/artigos/nord-insights/investir-e-para-humanos.

Na figura 40, os círculos representam os melhores pontos para compra do índice Ibovespa nos últimos 40 anos. As áreas serrilhadas representam o dinheiro acumulado em caixa e que pode ser utilizado para compras. Ele é zerado após cada ponto de compra. Esta estratégia corresponde ao market timing perfeito ou ideal, praticamente impossível de ser realizado, pois para que ocorra teríamos de acertar todos os fundos possíveis no período. Como o próprio autor menciona no texto tal estratégia só perderia para a estratégia fictícia em que se acertam também os pontos de máxima, nos quais você venderia tudo e aguardaria o próximo ponto de mínima.

Em seguida o analista compara o gráfico acima com o cenário correspondente à estratégia dos aportes mensais regulares e constantes de R$100,00. Na figura 38 conseguimos ver o resultado desta comparação e tirar algumas conclusões interessantes.

Figura 38: Gráfico ajustado pela inflação que representa a evolução de patrimônio após aportes realizados em pontos de mínimo idealmente selecionados, ao longo dos últimos 40 anos versus a estratégia de aportes mensais regulares no valor de R$100,00, em uma carteira fictícia que segue o índice Bovespa. Fonte: https://www.nordresearch.com. br/artigos/nord-insights/investir-e-para-humanos/.

A primeira e mais importante conclusão que podemos extrair dessa comparação é a de que a diferença entre a estratégia perfeita, na qual podemos vislumbrar ou profetizar qual seriam os pontos ideais para se comprar as ações, e o cenário passivo dos aportes regulares, não é tão grande assim para justificar o esforço e o risco de tentar adivinhar topos e fundos. O valor acumulado após 40 anos de investimento passivo, simplesmente comprando R$100,00 em ações do índice todo mês equivale a 75% do valor acumulado realizando as compras com a estratégia do market timing perfeito.

O autor deste estudo destaca a importância de se investir em boas empresas e carregá-las por longo prazo encarteiradas, dando como exemplo o resultado do investimento realizado em ações do Banco Itaú como podemos verificar no gráfico da figura 39.

Caso alguém tivesse seguido tal carteira, teria em sua conta nada mais, nada menos do que 1,15 milhões de reais, mesmo investindo apenas R$100,00 reais por mês, em um período 15 anos, menor do que o período considerado nos cenários anteriores.

Praticar o buy and hold não significa comprar uma ação e ficar sentado em cima dela para sempre ou esquecê-la na sua carteira e apenas voltar a olhar para ela daqui a 10, 20 ou 30 anos.

Figura 39: Gráfico ajustado pela inflação que representa a evolução de patrimônio após a implementação de estratégia de aporte regular mensal no valor de R$100,00, por um período de 25 anos (1994 a 2019), em uma carteira hipotética composta somente por ações do Banco Itaú. Fonte: https://www.nordresearch. com.br/artigos/nord-insights/investir-e-para-humanos/.

Muito pelo contrário: ao comprar uma ação, é necessário acompanhar os seus números, ler os balanços trimestrais e o balanço anual e analisar a evolução desses números com cuidado e atenção. É preciso verificar se a empresa ainda continua sendo capaz de te remunerar adequadamente ou se ela perdeu os seus fundamentos pelo caminho. A seguir veremos outras estratégias de investimento em ações focadas em ganhos de curto prazo e giro do portfólio.

Estratégias baseadas no giro da carteira

» Day Trade

O Day trade consiste em realizar operações de compra e venda de ativos em uma mesma sessão ou pregão da bolsa. O trader, ou seja, aquela que realiza o day trade, visa a obtenção de algum lucro ao final do dia. Basicamente, o praticante do day trade lucra quando o preço médio de venda de um determinado ativo é maior do que o preço médio de compra, descontando-se os custos totais de cada operação.

Existem inúmeras ferramentas e técnicas utilizadas pelos traders para dar apoio às suas operações. Entre elas podemos destacar a análise técnica – que se baseia estudo dos movimentos do mercado através de gráficos, exibindo as variações no preço dos ativos da Bolsa de Valores, com o objetivo de predizer as movimentações futuras. Esta técnica possui como base de sustentação a teoria de Dow ou Chartismo, concebida por Charles Henry Dow em 1884, e procura esboçar as tendências futuras de oscilações no preço das ações, com base em aspectos do passado.

De acordo com a escola técnica e a Teoria de Dow, existem séries temporais de preços no mercado e estas séries apresentam padrões perceptíveis, que podem ser identificados e utilizados pelo analista para efetuar previsões de tendências e fazer sua interpretação a respeito. Grosso modo, os princípios que norteiam esta análise são os seguintes:

- O futuro é um retrato do passado.
- A movimentação dos preços se fundamenta em tendências.
- O preço da ação do mercado embute todos os fatores que estejam envolvidos nela.

Ao longo do tempo esta teoria recebeu inúmeras críticas por parte dos investidores e economistas que refutaram muitas das suas premissas e a colocaram em xeque. A escola fundamentalista se contrapõe à escola técnica no sentido em que a primeira se baseia nos fundamentos ou fatores econômicos propriamente ditos. Ambas utilizam dados passados e recentes para tentar antecipar uma tendência futura. Porém, enquanto um trader acredita que o preço de mercado é sempre correto e que toda informação passada a respeito da empresa se reflete no preço presente dos papéis, o fundamentalista não acredita que isso seja sempre uma verdade.

O investidor fundamentalista sempre está procurando comparar o valor que uma determinada empresa possui, com base nos seus fundamentos, com o valor que o mercado atribui a ela no momento. Caso exista uma assimetria de valor, uma discrepância entre as suas convicções e o valor de mercado, ele estará diante de uma oportunidade de aquisição com vistas a possíveis lucros futuros. Neste caso a concretização desses ganhos só virá acontecer quando o mercado compreender o valor da ação e corrigir por assim dizer essa assimetria, o que poderá levar meses ou até mesmo anos.

» Trader por um dia

A seguir propomos um exercício simples de predição no qual você terá de acertar – ou "adivinhar" – se ao final do dia a cotação de um ativo irá subir (seta verde), cair (seta vermelha) ou se manter inalterado (seta amarela). Para este experimento eu utilizarei os valores referentes às cotações diárias do índice Bovespa (ibov) e as cotações diárias para a empresa siderúrgica Gerdau S.A. e as respostas serão apresentadas ao final deste capítulo.

Primeiramente tente adivinhar a tendência de alta ou baixa para o Ibovespa nos dias representados pelas linhas em que há um ponto de interrogação. O período de estudo foi escolhido de forma aleatória e recaiu sobre os meses de janeiro, fevereiro e março de 2016.

Data/Hora	Cotação	Variação	Tendência
4/1/2016	42.141,04	-1.208,92	⬇
5/1/2016	42.419,32	278,28	⬆
6/1/2016	41.773,14	-646,18	⬇
7/1/2016	40.694,72	-1.078,42	⬇
8/1/2016	40.612,21	-82,51	⬇
11/1/2016	39.950,49	-661,72	⬇
12/1/2016	39.513,83	-436,66	⬇
13/01/2016	38.944,44	-569,39	⬇
14/01/2016	*	*	?
15/01/2016	38.569,12	-930,98	⬇
18/01/2016	37.937,27	-631,85	⬇
19/01/2016	38.057,02	119,74	⬆
20/01/2016	37.645,48	-411,54	⬇
21/01/2016	37.717,11	71,63	⬆
22/01/2016	38.031,22	314,11	⬆
26/01/2016	37.497,48	-533,74	⬇
27/01/2016	38.376,37	878,89	⬆
28/01/2016	38.630,19	253,82	⬆
29/01/2016	40.405,99	1.775,80	⬆
1/2/2016	40.570,04	164,05	⬆
2/2/2016	*	*	?
3/2/2016	39.588,82	992,65	⬆
4/2/2016	40.821,73	1.232,92	⬆
5/2/2016	40.592,09	-229,64	⬇
10/2/2016	40.376,58	-215,51	⬇
11/2/2016	39.318,30	-1.058,28	⬇
12/2/2016	39.808,05	489,74	⬆
15/02/2016	40.092,89	284,85	⬆
16/02/2016	*	*	?
17/02/2016	41.630,82	683,12	⬆

Data/Hora	Cotação	Variação	Tendência
18/02/2016	41.477,63	-153,18	⬇
19/02/2016	41.543,41	65,77	⬆
22/02/2016	43.234,86	1.691,45	⬆
23/02/2016	42.520,94	-713,91	⬇
24/02/2016	42.084,56	-436,38	⬇
25/02/2016	41.887,90	-196,65	⬇
26/02/2016	*	*	?
29/02/2016	42.793,86	1.200,78	⬆
1/3/2016	44.121,79	1.327,93	⬆
2/3/2016	44.893,48	771,69	⬆
3/3/2016	*	*	?
4/3/2016	49.084,87	1.891,48	⬆
7/3/2016	49.246,10	161,23	⬆
8/3/2016	49.102,14	-143,97	⬇
9/3/2016	48.665,09	-437,04	⬇
10/3/2016	49.571,10	906,01	⬆
11/3/2016	*	*	?
14/03/2016	48.867,34	-771,34	⬇
15/03/2016	47.130,02	-1.737,31	⬇
16/03/2016	47.763,43	633,41	⬆
17/03/2016	50.913,79	3.150,36	⬆
18/03/2016	*	*	?
21/03/2016	51.171,55	356,89	⬆
22/03/2016	51.010,20	-161,35	⬇
23/03/2016	49.690,05	-1.320,15	⬇
24/03/2016	49.657,39	-32,66	⬇
28/03/2016	50.838,23	1.180,84	⬆
29/03/2016	51.154,99	316,77	⬆
30/03/2016	*	*	?
31/03/2016	50.055,27	-1.193,65	⬇

Figura 40: Cotações versus tendências para o Ibovespa. As setas na cor verde indicam alta, as setas na cor vermelha indicam baixa na cotação do dia. Os pontos de interrogação são os dias para os quais o leitor deverá prever a tendência. Fonte: Autor.

O segundo experimento consiste em tentar deduzir a tendência de alta ou baixa para as ações da siderúrgica Gerdau em pontos individuais dos meses de maio, junho e julho de 2019. A única diferença neste caso é que estamos tentando acertar as tendências para uma ação individual e não para o índice como um todo.

Data/Hora	Cotação	Variação	Tendência
2/5/2019	14	-0,15	⬇
3/5/2019	14,23	0,23	⬆
6/5/2019	14,08	-0,15	⬇
7/5/2019	14,22	0,14	⬆
8/5/2019	14,5	0,28	⬆
9/5/2019	14,24	-0,26	⬇
10/5/2019	14,15	-0,09	⬇
13/05/2019	*	*	?
14/05/2019	13,95	0,14	⬆
15/05/2019	13,92	-0,03	⬇
16/05/2019	13,74	-0,18	⬇
17/05/2019	13,74	0	➡
20/05/2019	13,78	0,11	⬆
21/05/2019	14,29	0,51	⬆
22/05/2019	14,29	0	➡
23/05/2019	13,95	-0,34	⬇
24/05/2019	13,85	-0,1	⬇
27/05/2019	13,82	-0,03	⬇
28/05/2019	*	*	?
29/05/2019	14,05	-0,09	⬇
30/05/2019	13,95	-0,1	⬇
31/05/2019	13,87	-0,08	⬇
3/6/2019	13,94	0,07	⬆
4/6/2019	13,86	-0,08	⬇
5/6/2019	*	*	?
6/6/2019	13,65	-0,06	⬇
7/6/2019	13,9	0,25	⬆
10/6/2019	14,15	0,25	⬆
11/6/2019	14,57	0,42	⬆
12/6/2019	14,46	-0,11	⬇

Data/Hora	Cotação	Variação	Tendência
13/06/2019	14,65	0,19	⬆
14/06/2019	14,35	-0,3	⬇
17/06/2019	14,21	-0,14	⬇
18/06/2019	*	*	?
19/06/2019	14,96	0,22	⬆
21/06/2019	15,22	0,26	⬆
24/06/2019	15,13	-0,09	⬇
25/06/2019	14,75	-0,38	⬇
26/06/2019	15,09	0,34	⬆
27/06/2019	14,99	-0,1	⬇
28/06/2019	15,2	0,21	⬆
1/7/2019	15,03	-0,17	⬇
2/7/2019	14,64	-0,39	⬇
3/7/2019	*	*	?
4/7/2019	15,3	0,42	⬆
5/7/2019	15,37	0,07	⬆
8/7/2019	15,35	-0,02	⬇
10/7/2019	15,31	-0,04	⬇
11/7/2019	14,94	-0,37	⬇
12/7/2019	14,72	-0,22	⬇
15/07/2019	14,93	0,21	⬆
16/07/2019	14,79	-0,14	⬇
17/07/2019	14,61	-0,18	⬇
18/07/2019	14,49	-0,12	⬇
19/07/2019	14,34	-0,15	⬇
22/07/2019	*	*	?
23/07/2019	14,06	0,05	⬆
24/07/2019	13,85	-0,21	⬇
25/07/2019	13,72	-0,13	⬇
26/07/2019	*	*	?

Figura 41: Cotações versus tendências para as ações da Siderúrgica Gerdau. As setas na cor verde indicam alta, as setas na cor vermelha indicam baixa na cotação do dia. Os pontos de interrogação são os dias para os quais o leitor deverá prever a tendência. Fonte: Autor.

Ao todo são 15 dias para os quais você terá de tentar prever a tendência para o preço do ativo ou índice. Caso consiga acertar mais de 10 dias isso pode significar duas coisas: ou você teve muita sorte ou você tem algum dom de premonição.

Na grande maioria dos casos a média de acertos ficará em torno de 7 ou 8 dias e se repetirmos este experimento ao longo do ano veremos que a tendência é que os acertos de predição se aproximem bastante dos erros já que a probabilidade de acerto é de 50%. Espero que este simples exercício seja capaz de lhe provar o quão difícil é a arte ou ofício de tentar adivinhar um movimento futuro no mercado financeiro.

Basicamente, o Day trader terá de lidar com cenários como esse todos os dias e, para cumprir esta tarefa, fará uso de ferramentas gráficas e estatísticas dos mais variados estilos e finalidades para tentar "adivinhar" o movimento das cotações e assim poder obter algum lucro.

Desta forma, o trader irá fazer uso de um arsenal de ferramentas gráficas e estatísticas que lhe irão proporcionar a ilusão de estar no controle técnico da situação. Ele empregará as tais médias móveis, simples ou exponenciais de 5 dias, 3 semanas ou 3 meses. Poderá olhar para as tais linhas de tendência, para os suportes e resistências, indicadores de força relativa, MACD, volume de negociação da hora, do dia etc. Poderá também se embrenhar pela análise e reconhecimento de padrões gráficos tais como o retângulo, triângulo, triângulo invertido, ombro-cabeça-ombro (OCO) e por aí vai. Pode, até mesmo, ir além do básico e partir para uma análise mais matemática ao aplicar um ferramental mais exotérico como Fibonacci, cadeias de Markov de tempo contínuo etc.

Não entraremos em detalhes sobre estas técnicas de análise gráfica nem sobre as ferramentas matemáticas da análise técnica, pois este não é o foco deste livro – e porque não somos especialistas nessa área. O grande ponto aqui é responder a seguinte pergunta: é possível realizar previsões com exatidão dos preços das ações no curto prazo? Os seguidores da análise técnica acreditam que sim, muito embora existam inúmeros estudos e argumentos indo na direção contrária, ressaltando o caráter imprevisível e randômico das cotações dos papéis (ações, índices etc.) no curto prazo.

» Mas é possível viver de trade na bolsa?

Um estudo realizado pela Fundação Getúlio Vargas (FGV), encomendado pela Comissão de Valores Mobiliários (CVM), procurou verificar a viabilidade de se investir na bolsa através do Day trade e as probabilidades de sucesso de um trader. Os resultados não foram nada animadores para aqueles que pretendem ganhar a vida praticando o Day trade: o estudo inspecionou os registros de dados de quase 20 mil pessoas operando com Day trade no período de 2012 a 2017. Os pesquisadores averiguaram o desempenho desses investidores que realizaram operações com minicontratos de dólar[23] ou de índice[24]. Como nesses minicontratos não existe um limite para perdas, como acontece com as ações, eles são considerados papéis de altíssimo risco.

De acordo com os autores do estudo, 92,1% dos traders desistiram de operar em menos de um ano. Daqueles 7,9%

---

23 Minicontratos de dólar são papéis derivativos que acompanham a moeda norte-americana.

24 Minicontratos de índice são papéis derivativos que acompanham o índice Bovespa (Ibovespa).

que continuaram a operar, cerca de 91% (1415 pessoas) tiveram prejuízo e apenas 13 pessoas, ou seja, menos de 1%, conseguiram obter um lucro médio diário superior a R$300,00 (CHAGUE, 2019). Os autores do estudo ainda mencionam o fato de que não embutiram nos cálculos dos lucros e prejuízos os custos de corretagem e despesas com as plataformas de negociação, isso sem falar nas despesas com eventuais cursos efetuados. Foram levados em consideração apenas os custos com emolumentos e demais taxas cobradas pela B3.

Em linhas gerais, a conclusão desta pesquisa é de que a ideia de viver de day trading não faz muito sentido. A probabilidade de se ter prejuízo ao operar day trading é muito maior do que a probabilidade de lucro tanto no curto prazo quando no longo prazo. O estudo vai além e testa também a hipótese de que existiria uma curva de aprendizagem para se tornar um trader de sucesso e que, supostamente, as pessoas que operam Day trading poderiam melhorar com o tempo.

O estudo revelou que para o Day trade essa máxima não existe. Ou seja, os traders não melhoram o seu desempenho com o tempo. Entre as pessoas que operaram com Day trade de apenas um dia, 30% obtiveram algum ganho descontando as taxas e corretagens. Isso é muito parecido com jogar uma moeda. Na verdade, é até pior: lançando uma moeda você tem 50% de chance de ganhar.

As chances de ganho foram diminuindo conforme aumentava o tempo de operação como trader. O número de pessoas com lucro operando de dois a cinquenta dias caiu para 14% e entre os que operaram Day trade de cinquenta e um a cem dias esse número foi a 10%. De 101 a 200 dias, apenas 8% ganharam alguma coisa.

Mesmo para aqueles que persistiram e permaneceram operando Day trade por mais de 300 dias, as perspectivas de sucesso não foram nada animadoras, já que apenas 3% dessas pessoas obtiveram sucesso. Visivelmente é como jogar em uma roleta não viciada.

Conclui-se que viver de trade é muito difícil e mais difícil ainda é confiar o seu futuro e as suas economias em uma aposta de alto risco. Portanto, caso se decida por trilhar este caminho, tenha em mente que as probabilidades estarão enormemente contra você. As chances de você sair com uma mão na frente e outra atrás são diretamente proporcionais ao tamanho da sua teimosia e a conclusão é uma só: day trade é muito mais sorte do que técnica.

» Market Timing

Uma das estratégias mais conhecidas no mercado de ações é a estratégia do market timing. Trata-se de uma estratégia bem simples, porém de difícil aplicação na prática, já que se baseia no conceito de tentar comprar na baixa para vender na alta, envolvendo, por assim dizer, uma alta dose de poder de adivinhação para saber quando a ação ou o índice chegou ao fundo do poço ou quando ela já bateu no "teto".

Acredito se tratar de uma versão mais alongada da estratégia do trader, com a diferença de que o trader busca acertar as altas e baixas diárias, enquanto o market timing se concentra em um intervalo mais longo de tempo. Consideramos praticamente impossível acertar fundos e topos de ações, dada a natureza imprevisível do mercado – principalmente no curto prazo.

Como vimos na comparação realizada na seção anterior, a estratégia de comprar em pontos de mínimo para tentar vender na alta seria excelente se fosse humanamente factível. Em outras palavras, trata-se de uma quimera achar que será possível acertar os fundos e os topos no mercado de ações.

» Combinando estratégias

Cada uma destas estratégias tem seus pontos fortes e suas fragilidades. Mas então por que não combinarmos as estratégias para conseguir potencializar a sua força de multiplicação de capital? Sim, felizmente isso é possível. Podemos montar uma estratégia mista combinando, por exemplo, a estratégia do aporte regular e boca do jacaré. Por que não continuar realizando os aportes mês a mês e quando houver alguma oportunidade evidente realizar um aporte maior?

Em algumas crises os preços de alguns ativos ficaram absurdamente baratos em relação a todos os indicadores possíveis de valuation e, nestes casos, faz todo o sentido aumentar o investimento adquirindo ações de boas empresas que estão com preços abaixo da média.

Como dissemos anteriormente, se optamos por esperar ad eternum o melhor momento de entrar comprando, tentando adivinhar o ponto de inflexão da curva, corremos o risco de ficar de fora do mercado por muito tempo e perder um rali de alta, ou mesmo de comprar antes do tempo por achar que se está em um fundo quando na verdade o fundo era mais embaixo. Ao combinar estratégias, podemos acelerar em muito a geração de riqueza e de fluxo de proventos em sua carteira. Não corremos o risco de ficarmos de fora dos trilhos do mercado com os aportes regulares e, ao mesmo tempo, comprando mais em períodos de crise ou se aproveitando de quedas isoladas nas cotações de excelentes empresas em momentos específicos, maximizaremos os ganhos no longo prazo.

Tabela 25: Respostas da Tabela Ibovespa (Figura 42).

Dias	14/01/2016	02/02/2016	16/02/2026	26/02/2016	03/03/2016	11/03/2016	18/03/2016	30/03/2016
Tendência	alta	baixa	alta	baixa	alta	alta	baixa	alta

Tabela 26: Respostas da Tabela Gerdau (Figura 43).

Dias	13/05/2019	28/05/2019	05/06/2019	18/06/2019	03/07/2019	22/07/2019	26/07/2019
Tendência	baixa	alta	baixa	alta	alta	baixa	alta

Capítulo 9

"A ambição universal dos homens é viver colhendo o que nunca plantaram."

Adam Smith.

"Eu não me mantenho equilibrado. Eu entro em pânico. E devo dizer que sobrevivi, basicamente, por reconhecer meus erros".

George Soros.

Nesse capítulo proponho ao leitor interessado em iniciar os seus investimentos em bolsa de valores algumas formas de compor e estruturar as suas carteiras, visando um retorno adequado do capital investido no longo prazo.

Existem inúmeras maneiras de se criar uma carteira de ações dependendo do horizonte temporal e do objetivo pretendido. Nas próximas seções listo algumas das estratégias de composição de portfólio de ações e tento auxiliar de alguma forma o leitor a não se perder no caminho em meio a tantas possibilidades. Carteira Previdenciária

Carteira com o objetivo de gerar renda passiva auferida através do recebimento de proventos pagos pelas empresas. Nesse caso, a ideia seria a construção de um portfólio composto por boas empresas pagadoras de dividendos em setores perenes e resilientes a crises. Para montar uma carteira previdenciária os principais critérios a serem observados são os seguintes:

- Empresas que apresentam um yield de pelo menos 5% e que possuam constância na distribuição dos proventos. Um histórico de pelo menos 5 anos é um bom ponto de partida nesse caso.
- Empresas que atuem em setores perenes e resilientes como saneamento básico, geração, distribuição e transmissão de energia elétrica, setor bancário, setor de papel e celulose etc.
- Empresas que esteja com baixos múltiplos de P/L e P/VP.
- Empresas com bons projetos para geração futura de caixa.

O que buscamos em uma carteira desse tipo são empresas com um alto free float, portanto empresas maduras atuando em setores perenes com bom histórico de distribuição de proventos aos seus acionistas. Abaixo eu apresento um conjunto de empresas que ilustram uma carteira previdenciária fictícia composta de 10 papéis e alguns indicadores mais relevantes para este tipo de empresa.

Os valores da coluna correspondente ao dividend yield se referem ao ano de 2019, tendo o 31/12 como referência para as cotações. Os critérios para que uma empresa seja incluída nesta lista são os seguintes: a) pagar dividendos nos últimos 10 anos; b) free float maior ou igual a 50%.

Embora estas empresas sejam, de fato, empresas com perfil de boas pagadoras de dividendos e se mostrem adequadas para a composição de um portfólio de renda passiva, é importante ressaltar que não se trata de uma recomendação de compra já que o intuito seria apenas servir como exemplo e ilustrar o conceito de carteira previdenciária.

O dividendo médio da carteira gira em torno de 6% e, de acordo com o assim chamado método Bazin, detalhado no excelente livro Faça Fortuna com ações (Bazin, 1992) do jornalista e investidor Décio Bazin, representa um patamar de dividend yield (citado no livro muitas vezes como cash yield), capaz de remunerar o acionista de forma satisfatória e adequada. As empresas que conseguem obter este nível de cash yield geralmente são empresas maduras, consolidadas em seu setor de atuação, com baixa necessidade de grandes investimentos em ativos ou aquisições para expandir as suas operações e receita (CAPEX). Sendo assim elas podem se utilizar da forte geração de caixa livre para distribuí-lo aos seus acionistas.

O propósito de uma carteira deste tipo é que você consiga com o tempo e o poder dos juros compostos, reinvestindo os dividendos que porventura caírem em sua conta, criar um fluxo de renda para você e sua família.

Tabela 27: Exemplo de carteira previdenciária e alguns indicadores fundamentalistas relevantes válidos para o 4º trimestre de 2019.

Empresa	Dividend Yield[*]	ROE[*]	Margem Líquida[*]	Cotação[1]	Setor
Taesa (UNT)	5,96	20,33	42,00	21,37	Energia Elétrica
Klabin (UNT)	4,68	10,40	25,00	18,39	Papel e Celulose
Transmissão Paulista (PN)	6,75	12,81	59,00	22,36	Energia Elétrica
AES Tietê (UNT)	5,1	20,68	20,00	16,07	Energia Elétrica
Telefônica Brasil. (VIVO) (ON)	9,0	7,10	11,00	56,95	Telefonia Móvel
Itaúsa (PN)	8,73	17,97	232,00	13,63	Financeiro
Ferbasa (PN)	6,74	12,03	13,70	20,01	Siderurgia
Mahle Metal Leve (ON)	7,43	19,83	10,40	28,72	Industrial/Autopeças
Companhia de Gás de São Paulo - Comgás (PN)	11,46	263,17	15,80	141,69	Gás
Banrisul (PNB)	5,8	17,25	20,00	21,37	Financeiro/Banco

*Valores em %.

Fonte: RI das empresas e site Fundamentus (www.fundamentus.com.br).

[1] Cotação em R$ no último dia útil de 2019.

Carteira de Crescimento (Smallcaps)

Uma alternativa para o investidor mais ousado seria investir em smallcaps, empresas com mais baixa capitalização, porém em fase inicial do seu ciclo de vida operacional, com bastante espaço para expandir as suas bases de clientes e receitas e, consequente, ver suas ações valorizarem no longo prazo.

Uma carteira composta de empresas de baixa capitalização em bolsa, porém com alto potencial de crescimento escalar, pode ser interessante, principalmente para o investidor jovem, com muitos anos ainda pela frente, para poder fazer frente ao maior risco que uma carteira composta apenas de ações de smallcaps pode representar.

A seguir apresentamos uma tabela contendo um conjunto de 10 empresas da categoria das smallcaps. Não se trata de indicação de compra embora as ações escolhidas para compor este quadro sejam promissoras em seus setores e a carteira, da forma como está, seja um bom exemplo de como montar um portfólio diversificado e de quais indicadores devemos nos atentar quando nos referimos às smallcaps.

Tabela 28: Exemplo de carteira contendo ações smallcaps e alguns indicadores fundamentalistas relevantes válidos para o 4º trimestre de 2019.

Empresa	Cresc. Receita Líquida[25]	ROIC*	ROE*	Div. Bruta/ Patrimônio[26]	Cotação[27]	Setor
Schulz (PN)	44,00	9,75	15,67	0,86	10,80	Máquinas e Equipamentos
CSU CardSystem (ON)	7,40	9,97	10,46	0,46	12,15	Financeiro
Wiz (ON)	148,30	117,88	108,64	0,05	12,09	Seguros
Tupy (ON)	65,00	7,67	11,68	0,62	25,30	Material de Transporte Rodoviário
Grazziotin (ON)	14,20	6,00	22,00	-	29,22	Vestuário e Calçados
Movida (ON)	6290,00	7,62	9,90	1,37	19,01	Locação de Veículos
UNIPAR (PN)	190,50	28,35	36,52	0,71	35,06	Soda, Cloro e Derivados
Panvel (ON)	52,30	10,30	14,50	0,32	19,63	Farmacêutico
Fras-le (ON)	78,50	5,90	4,73	0,50	5,70	Material de Transporte/ Bens Industriais
Arezzo (ON)	59,40	19,45	21,73	0,24	21,37	Vestuário e Calçados

*Valores em %.

Fonte: RI das empresas e site Fundamentus (www.fundamentus.com.br).

---

25 Crescimento da receita líquida nos últimos 5 anos.

26 Dívida bruta total (Dívida + Debêntures) dividido pelo patrimônio líquido.

27 Cotação em R$ no último dia útil de 2019.

Percebemos o elevado crescimento da receita nas empresas que compõem o portfólio acima. Embora algumas delas não constituam empresas novas, elas estão na categoria de smallcaps pelo seu valor de mercado e pela baixa cobertura pela mídia especializada em geral. São empresas que, geralmente, não fazem parte do índice Ibovespa e não são muito comentadas por analistas financeiros ou players do mercado de capitais e, sendo assim, podem sofrer grandes assimetrias de valor que podem ser exploradas pelo investidor atento.

Também tendem a ocupar espaços e escalarem com maior velocidade do que as empresas maiores e tradicionais expandindo suas operações e vendas de forma mais dinâmica. Possuem riscos e volatilidades maiores, porém a diversificação apropriada com empresas de setores diferenciados e não correlacionados pode contribuir para amenizar estas ameaças de perda de patrimônio.

Carteira de Valor

Outra maneira de compor um portfólio acionário é agregar empresas sólidas, maduras e consolidadas em seus setores. Neste caso o objetivo seria montar uma carteira composta por ações que buscam um equilíbrio entre pagamento de dividendos e busca pelo crescimento como formas de remunerar o acionista.

Por contarem com um grande fluxo de caixa e boa capacidade de pagamento costumam oferecer uma certa proteção ao portfólio em tempos de crises. A seguir apresentamos uma listagem contendo algumas empresas de valor que poderiam compor um portfólio deste tipo.

Tabela 29: Exemplo de carteira contendo ações de valor e alguns indicadores fundamentalistas relevantes válidos para o 4º trimestre de 2019.

Empresa	P/L	ROIC*	ROE*	Margem EBITD[28]	Div. Bruta/ Patrimônio[29]	Cotação[30]	Setor
Itaúsa (ON)	7,98	8,33	17,67	219,50	0,07	13,58	Financeiro
M Dias Branco (ON)	20,24	7,50	9,23	8,82	0,16	37,94	Alimentos
Lojas Renner (ON)	22,63	1,03	23,36	17,14	0,35	55,97	Tecidos, Vestuário, Calçados
Equatorial (ON)	9,59	16,50	30,00	26,15	2,01	22,79	Energia Elétrica
Telefônica (VIVO)	16,54	6,91	7,10	16,30	0,20	39,68	Telefonia Móvel
Ambev (ON)	17,07	23,31	18,83	30,52	0,05	18,67	Bebidas
COSAN (PN)	10,31	11,73	21,93	26,55	1,21	68,12	Alimentos
Gerdau (ON)	13,49	6,31	4,43	8,03	0,59	17,08	Siderurgia
ALL - América Latina Logística (ON)	36,26	9,76	9,03	111,45	1,36	26,10	Transporte Ferroviário/ Logística
Cogna (ON)	25	2,90	2,10	0,12	0,75	11,43	Educacional

* Valores em %.

Fonte: RI das empresas e site Fundamentus (www.fundamentus.com.br).

---

28 EBITD dividido pela receita líquida.

29 Dívida bruta total (Dívida + Debêntures) dividido pelo patrimônio líquido.

30 Cotação em R$ no último dia útil de 2019.

Como podemos observar, trata-se de uma carteira formada por empresas com elevada rentabilidade e boas margens operacionais. Em geral, tendemos a comprar ações desse tipo de empresa em períodos de crise interna ou sistêmica, pois elas tendem a retomar os seus valores pré-crise justamente pelo mercado ter consciência dos seus bons fundamentos e potencial de crescimento sustentável.

Carteira Mista

Os portfólios de investimento compostos de ações tendem a ser equilibrados e serem estruturados com base não apenas em empresas de setores diferenciados, como também de perfis diversos, misturando, por exemplo, empresas com viés de dividendos com empresas de crescimento e smallcaps.

Em uma mesma carteira podemos encontrar empresas como a Taesa – excelente "vaca leiteira" no linguajar dos analistas, ou seja, com DNA de empresa pagadora de dividendos – e uma empresa como a Renner, por exemplo, mais focada em crescimento orgânico ou inorgânico.

Não há nada de errado com tal estratégia e, inclusive, pode ser bastante recomendável: agregar algumas "pimentinhas" smallcaps ao seu grupo de ações pessoais adicionará o elemento surpresa, a chance de termos uma tenbagger no futuro, que poderá fazer o seu valor investido multiplicar por 10 vezes ou mais, caso esta empresa continue crescendo e agregando valor. Na planilha a seguir exibimos um exemplo de portfólio misto, contendo empresas de perfis e setores variados.

Tabela 30: Exemplo de carteira mista, composta de um mix de ações smallcaps, ações de dividendos e ações de valor junto com alguns indicadores fundamentalistas relevantes válidos para o 4º trimestre 2019.

Empresa	P/L	Dividend Yield'	ROE'	Margem EBITD[31]	Div. Bruta/ Patrimônio[32]	Cotação[33]	Setor
Itaúsa (ON)	7,98	8,33	17,67	178,72	0,07	13,58	Financeiro
Romi (ON)	4,14	6,38	17,09	13,65	0,46	16,45	Máquinas e Equipamentos
TAESA (UNT)	8,93	6,06	20,33	78,27	1,08	30,22	Energia Elétrica
Lojas Renner (ON)	22,63	1,03	23,36	17,14	0,35	55,97	Tecidos, Vestuário
Santander (ON)	7,81	4,09	20,22	19,44	-	24,32	Financeiro/ Banco
VIVO (ON)	16,54	7,23	7,10	16,30	0,20	39,68	Telefonia Móvel
AES Tietê (UNT)	6,01	5,16	20,68	35,28	2,93	15,82	Energia Elétrica
COSAN (PN)	10,31	1,44	21,93	26,55	1,21	68,12	Alimentos
Ferbasa (ON)	5,44	6,74	12,03	14,01	0,27	20,01	Mineração

[31] EBITD dividido pela receita líquida.

[32] Dívida bruta total (Dívida + Debêntures) dividido pelo patrimônio líquido.

[33] Cotação em R$ no último dia útil de 2019.

Odontoprev (ON)	27,44	2,14	26,51	21,36	0	16,69	Plano de Saúde Odontológico
Petrobras (ON)	4,74	1,46	13,42	27,03	1,17	31,68	Petróleo e Gás
Yduqs (ON)	15,93	1,07	20.83	25,25	0,53	46,62	Educacional

* Valores em %.

Fonte: RI das empresas e site Fundamentus
(www.fundamentus.com.br).

Reduzindo nosso espaço de busca de empresas na Bolsa

Existem inúmeros fatores que poderiam ser levados em consideração na hora de escolher ações para um portfólio próprio. A maior vantagem quando seguimos critérios objetivos de qualificação de empresas é colocar de lado fatores subjetivos que, inconscientemente, poderiam conduzir a escolhas inadequadas para o longo prazo.

Dentre o universo de indicadores e elementos de desempenho que temos à disposição, selecionamos alguns que consideramos mais relevantes para a tomada de decisão, tendo como foco não apenas selecionar as empresas candidatas, mas, principalmente, apontar quais empresas não devem ser incluídas.

Na tabela a seguir listamos um conjunto de indicadores quantitativos e qualitativos para o investidor se basear no momento de compor a sua carteira de ações. Dificilmente uma empresa cumprirá todos os requisitos elencados, porém o quadro permitirá o ranqueamento adequado das empresas e uma forma simples de se estabelecer métricas para inclusão ou exclusão delas.

Tabela 31: Quadro-sugestão para *ranking* de ações:

Indicadores
P/L abaixo da média de 5 anos
P/VP abaixo de 1
P/VP abaixo da média de 5 anos
Preço/Ativos < 1
Dividend yield médio dos últimos 5 anos > 6%
Empresa lucrativa há mais de 5 anos
Empresa com LPA crescente nos últimos 5 anos?
ROE > 10%
ROIC > 10%
Possui dívida equilibrada (Div. Bruta/PL <1)
Liquidez Corrente > 1
Ações possuem liquidez?
Empresa com boa governança corporativa (por ex: ações possuem *tag along*)
Empresa negociada na Bolsa há mais de 5 anos?

Fonte: Autor.

A cada item pode ser atribuído um valor correspondente a 0 (resposta afirmativa) ou 1 (resposta negativa).

Tabela 32: Exemplo de qualificação e ranqueamento de uma ação para criação de um portfólio para a empresa A.

Indicadores	Empresa A	Empresa C	Empresa B
P/L abaixo da média de 5 anos	0	0	1
P/VP abaixo de 1	0	0	1
P/VP abaixo da média de 5 anos	0	0	1
Preço/Ativos < 1	0	0	1
Dividend yield médio dos últimos 5 anos > 6%	1	0	1
Empresa lucrativa há mais de 5 anos	1	1	0
Empresa com LPA crescente nos últimos 5 anos?	1	1	0
ROE > 10%	1	1	0
ROIC > 10%	1	1	0
Possui dívida equilibrada (Div. Bruta/PL <1)	1	1	0
Liquidez Corrente > 1	1	1	1
Ações possuem liquidez?	1	1	0
Empresa com boa governança corporativa (por ex: ações possuem *tag along*)	0	1	0
Empresa negociada na Bolsa há mais de 5 anos?	1	1	0
Total	**9**	**9**	**6**

Fonte: Autor.

No exemplo acima, as empresas A e B ficariam empatadas de acordo com os critérios estabelecidos. Nesse caso, para o desempate seria necessário observar outros indicadores qualitativos tais como: qualidade da gestão, qualidade do negócio, integridade e governança da administração.

Também poderíamos atribuir maior peso a alguns indicadores quantitativos – como o ROE, a margem Ebitda ou o dividend yield, por exemplo, e refazer a planilha com esses novos pesos.

A metodologia acima é útil para ranquear e pré-qualificar as empresas reduzindo, dessa forma, o nosso espaço de busca de centenas para algumas dezenas de participantes.

Vimos anteriormente os critérios qualitativos e quantitativos para se incluir uma ação no portfólio, de acordo com o tipo de estratégia e perfil de empresa escolhida. Porém, ainda não definimos qual o melhor momento para se fazer isso. Quando devemos incluir uma empresa em nosso portfólio?

Costumo utilizar o princípio da navalha de Occam, segundo o qual o método mais simples e direto é o que geralmente funciona. Para decidir quando comprar uma ação de uma empresa, é preciso determinar um método que seja racional e objetivo. Simultaneamente, este método deve ser de fácil implementação.

No caso de múltiplos de ações, temos como regra a utilização de uma medida de distância em relação à média. Nesse caso, bastaria calcularmos a média dos últimos anos de determinado múltiplo e mensurarmos quanto o valor atual deste indicador difere desse valor médio em termos porcentuais.

Em geral, os analistas atribuem a essa diferença o termo conhecido como desconto e, neste caso, diz-se que uma ação está descontada em termos deste múltiplo quando o indicador atual é significativamente menor do que o indicador médio. Por exemplo, se o indicador Preço por Lucro (P/L) da empresa A for igual a 10 e a média dos últimos cinco anos deste indicador para esta empresa for de 12, dizemos que esta empresa está descontada na bolsa e que o desconto seria de 20%.

Este raciocínio é válido para qualquer múltiplo mensurável e o porcentual de corte para que uma empresa entre ou não no portfólio é subjetivo. Costumamos ter em mente um desconto de pelo menos 10% no indicador para avaliar a opção de compra como atrativa.

Obviamente, em muitos casos precisamos proceder a uma análise tanto horizontal quanto vertical da empresa, ou seja, devemos comparar o múltiplo em relação à própria empresa – mas também pode ser interessante confrontá-lo em relação às demais empresas do mesmo setor ou subsetor. Ainda tomando como base o exemplo anterior, se em nosso universo de comparação existir mais duas empresas – B e C – com múltiplos de P/L de 15 e 6, respectivamente, ao realizarmos uma análise cruzada em relação à empresa A, veríamos que apesar de estar descontada em relação à sua própria média dos últimos anos, ela não está descontada em relação à empresa C, do mesmo setor. Sendo assim, precisamos investigar mais a fundo, utilizar outros indicadores para podermos chegar a uma decisão mais acertada.

Existem várias formas de se avaliar o melhor momento para se adquirir uma ação, uma vez que já temos em mãos um conjunto pré-determinado de empresas que atendem aos nossos requisitos de seleção.

Não existe uma forma única de se compor um portfólio de ações vencedor, o que existem são diferentes estratégias e ferramentas que podem te guiar nessa tarefa e dessa forma tentar minimizar as suas probabilidades de erro e perdas – seja inserindo empresas que não são as melhores escolhas dentro do seu setor, seja escolhendo projetos que não irão te gerar renda passiva suficiente no futuro.

Existem perfis diferentes de investidor e isso se reflete na escolha das empresas, porém é preciso que você seja fiel ao seu estilo de investimento e não fique pulando de estratégia a toda hora. É necessário ter paciência, para que os projetos das empresas que você escolheu para compor a sua carteira possam crescer e dar frutos na forma dos dividendos e/ou valorização de mercado.

As empresas que listei anteriormente em cada um dos cenários apresentados são apenas uma configuração das muitas possíveis. Se a bolsa fosse uma liga de futebol, poderíamos fazer uma analogia das equipes e seus elencos com uma carteira de ações e as suas empresas. A diferença é que na liga haveria apenas um vencedor enquanto na bolsa existem vários.

Além disso, uma liga costuma ter um início, meio e fim, porém uma carteira de ações vencedora costuma durar indefinidamente. Num time de futebol os jogadores sofrem lesões, apresentam variações no desempenho e, algumas vezes, tem de ser substituídos e isso também vale para a sua carteira de ações.

Nenhuma empresa é insubstituível e pode sofrer com altos e baixos: em alguns momentos ela pode estar sobrevalorizada, assim como um jogador de futebol pode também estar com a bola toda e, nesse caso, ele será muito mais cobrado e marcado a cada jogada nova que faça em campo. Da mesma forma, uma empresa com alto preço por lucro também será muito mais cobrada e vigiada pelos analistas de plantão.

Outra analogia possível é com as corridas. Um portfólio de ações vencedor precisa estar preparado para correr uma maratona, uma corrida de longa distância, e não uma corrida de 100 metros rasos. A visão é de longo prazo e a pista é tortuosa e cheia de obstáculos. O corredor-empresa irá encarar momentos de tempo ruim, com tempestades e trovoadas, mas também momentos de calmaria. Irá ter de poupar energia e fôlego em pontos específicos para poder fazer uso na reta de chegada mais à frente. A analogia é válida e, na vida assim como na fábula, quem costuma ganhar é tartaruga e não o coelho...

Epílogo

> *"Quem entra na Bolsa de Valores para especular, nunca ficará rico."*
>
> Luiz Barsi Filho.

> *"O conhecimento verdadeiro é reconhecer que você não sabe de nada."*
>
> Charlie Munger.

Chegamos ao final desta caminhada. Investir não é fácil, ainda mais para os brasileiros que têm sofrido com crises econômicas, erros de planejamento por parte de agentes do poder, ausência de incentivos e de educação financeira desde cedo. Contudo, acredito que todos possam sim, em algum momento das suas existências, ter condições de poupar e formar uma reserva para poder investir e participar de maneira ativa do mercado de valores. Gostaria de dar algumas orientações finais, porém não menos importantes, para que possa, se possível, pregar na sua geladeira ou parede do quarto, pois farão toda a diferença na sua vida financeira e no seu futuro como investidor de sucesso:

- Assim que receber o seu salário, caso seja um trabalhador assalariado, separe parte do seu salário, exatamente a parte que sobrar após pagar todas as despesas necessárias e obrigatórias e invista. De preferência compre ações, pois elas serão o seu passaporte para participar de grandes empreendimentos e projetos que poderão te proporcionar renda e riqueza com o passar do tempo.

- Não tenha medo de participar do mercado de ações, mas ao mesmo tempo se prepare, estude as empresas, os seus gestores e os seus planos para o futuro. Também dê atenção especial aos seus projetos e ao seu estatuto.

- Não deixe que o excesso de informação na mídia seja o seu norte: informação demais pode se transformar em ruído e atrapalhar a sua tomada de decisão na hora de investir. Aquela máxima que diz que menos é mais pode se aplicar à escolha acertada de uma ação na bolsa desde que a informação disponível seja necessária, suficiente e de boa qualidade.

- Não se deixe levar pelo imediatismo, nem dê ouvidos àqueles que dizem que bolsa é cassino, especulação ou coisa do gênero. Acredite no projeto da empresa que você comprou, acompanhe os resultados trimestrais da companhia e tenha paciência pois, em geral, os projetos precisam de tempo para dar resultados satisfatórios.

- Tente observar mais de um aspecto relacionado à empresa que você está estudando. Como abordamos ao longo do livro, existem aspectos quantitativos e qualitativos que dizem respeito aos resultados de uma empresa. Muitas vezes, ao olharmos para apenas um indicador ou característica, deixamos de observar o todo e com isso podemos realizar escolhas malsucedidas.

- Da mesma forma que para emagrecer é contraprodutivo adotar uma dieta diferente a cada semana, de nada adianta adotar, a cada fase da lua, a mais nova estratégia da "moda", sugerida pelo gestor do fundo em evidência no momento. Tente seguir uma estratégia de investimento e procure não se desviar muito deste caminho escolhido, pois a alternância excessiva de estratégias de investimento pode te tirar do foco e impedir de tirar proveito do efeito dos juros compostos ao longo do tempo.

- Procure sempre diversificar a sua carteira comprando participações em empresas de diversos setores, de preferência não correlacionados. Embora o grande investidor americano Warren Buffet, conhecido como o "mago de Omaha" afirme que a diversificação é para quem não sabe o que está fazendo e incentive a formação de uma carteira de ações com um número reduzido de empresas que façam parte do seu "círculo de competência", trata-se de uma estratégia muito perigosa para a grande maioria dos investidores. Principalmente para os iniciantes, que não possuem o conhecimento, a expertise de mercado nem o tempo necessário para se estudar a fundo uma, escolher um número muito pequeno de empresas para compor um portfólio pode resultar em grandes perdas. É possível mesmo com uma carteira composta por mais de 10 ações, por exemplo, obter um desempenho superior ao índice. Peter Lynch detinha no portfólio do fundo Magellan centenas de ações e mesmo assim isto não o impediu de obter um desempenho extraordinário[34] durante o período em que foi o gestor deste fundo.

- Não tenha medo de vender uma ação quando assim se fizer necessário. Uma empresa pode se desviar do caminho e se perder em meio a aquisições errôneas, decisões de investimento equivocadas ou erros estratégicos por parte da diretoria. Tais equívocos podem levar ao total desequilíbrio financeiro e fazer com que a empresa perca os seus fundamentos. Carregar a ação de uma empresa que se mostra ineficiente e incapaz de gerar valor aos seus acionistas por muito tempo pode ser prejudicial.

- Prefira empresas à margem dos holofotes da mídia especializada ou dos analistas de mercado. Procure, acima de tudo, empresas descontadas e esquecidas, pois tais empresas apresentam, com certa frequência, assimetrias de valor que se traduzem em baixos múltiplos (P/L, P/VP etc.) e podem se constituir em oportunidades ocultas. Mas,

---

34 O fundo Magellan gerido por Peter Lynch de 1977 a 1990 entregou um retorno acima de 29% ao ano em média durante todo este período.

sobretudo, procure empresas com potencial e que estejam subvalorizadas. O segredo, como diria Warren Buffet, reside no fato de comprar algo por um preço bem abaixo do seu valor intrínseco. Lembre-se sempre "preço é o que você paga, valor é o que você leva".

- Adquira o hábito de ler os balanços trimestrais e anuais das empresas que você possui em sua carteira. Se não tiver tempo nem paciência para ler todos os relatórios, leia pelo menos o release, pois essa é a melhor fonte de informação que você pode ter a respeito da saúde das empresas das quais você é sócio.

- Evite tomar decisões de investimento visando obter ganhos absurdos no curto prazo, pois essa atitude pode gerar frustração caso os objetivos não sejam alcançados rapidamente. Quebre uma meta inatingível em várias outras menores e factíveis. O conceito de "dividir para conquistar" é válido também para os investimentos em ações.

- Não caia no canto da sereia dos lucros rápidos e fáceis. Temos uma tendência natural em buscar os ganhos imediatos e usar a lei do mínimo esforço. Tem sido assim desde que descemos das árvores e saímos das cavernas, porém os avanços tecnológicos e a globalização deixaram o nosso imediatismo pior. Tenha sempre em mente que o sucesso no mundo dos investimentos, principalmente quando falamos de ações, depende de três fatores primordiais: paciência, tempo e disciplina.

- Seja um otimista, pois os pessimistas nem começam a batalha. A história nos tem mostrado que é importante ter atitudes otimistas na vida e no mercado de ações não poderia ser diferente. Os jornais todos os dias despejam calamidades, guerras, atrocidades e crises de todos os tipos e mesmo assim as empresas crescem e prosperam recompensando a todos aqueles que possuem a paciência e disciplina para comprar bons projetos de boas empresas.

Gostaria muito de ter despertado em você, leitor, a mesma vontade e sensação de satisfação que sinto todo mês ao separar parte do salário para investir em ações. O mesmo prazer que sinto ao ver os resultados dos bons projetos aos quais me associei caírem na conta bancária na forma de dividendos.

Acima de tudo, sabemos que ao comprar uma ação com pensamento de tornarmo-nos sócios, estamos investindo em nosso próprio país pois estamos financiando de alguma forma, mesmo que indiretamente, o desenvolvimento, a criação de empregos e a geração de riqueza no Brasil.

Espero ter conseguido com este trabalho ajudar as pessoas comuns a dar o pontapé inicial nesta jornada no mercado de capitais. Contribuir para que possam compreender melhor os indicadores, serem capazes de ler e destacar os pontos principais de um balanço e empregar as melhores estratégias de investimento.

Para que não desanimem com as crises e enxerguem nelas verdadeiras oportunidades de crescimento, que certamente aparecerão de tempos em tempos, para que possam ter paciência e disciplina para ver crescer o jardim semeado anos atrás e que poderão repassar a seus filhos e aos filhos dos seus filhos.

Lembre-se sempre que investir em ações não é algo arriscado quando se sabe o que existe por trás de cada papel. O risco maior está em não participar do jogo e em não enxergar as oportunidades quando elas aparecerem. Um forte abraço e bons investimentos!

Referências

ASSAF NETO, Alexandre. Mercado Financeiro. São Paulo: Atlas, 2001.

BAZIN, Décio. Faça fortuna com ações antes que seja tarde. São Paulo: CLA Cultural, 1992.

CHAGUE, Fernando; DE-LOSSO, Rodrigo; GIOVANNETTI, Bruno Cara. Day trading for a living? – Textos para discussão 525, FGV EESP - Escola de Economia de São Paulo, Fundação Getulio Vargas, Brasil, 2020. Disponível em: <https://ideas.repec.org/p/fgv/eesptd/525.html> Acesso em 15 set. 2020.

DAMODARAN, A. Finanças corporativas: teoria e prática. São Paulo: Bookman, 2004.

DIMSON, Elroy; MARSH, Paul; STAUNTON, Mike. Triumph of the Optimists: 101 Years of Global Investment Returns. New Jersey: Princeton University Press, 2002.

FAMA, E. F. Efficient Capital Markets: a review of theory and empirical work. Journal of Finance v. 25, n. 2, Anais do 28° Encontro Anual da Associação Americana de Finanças, Nova Iorque, dez. 1969. Nova Iorque: Blackwell Publishing, 1970, pp. 383-417. Disponível em: <http://www.jstor.org/stable/2325486?origin=JSTOR-pdf> Acesso em 15 set. 2020.

FELIPPO, Luiz. Investir é para humanos. Nord Research, 26 out. 2019. Disponível em: <https://www.nordresearch.com.br/artigos/nord--insights/investir-e-para-humanos/> Acesso em 12 set. 2020.

FERREIRA, Vera Rita de M. Psicologia Econômica – estudo sobre comportamento econômico e tomada de decisão. Rio de Janeiro: Campus/Elsevier, 2008.

FRENCH, K. R. Data Library. Disponível em: <mba.tuck.dartmouth.edu/pages/faculty/ken.french/data_library.html> Acesso em 5 set. 2020.

GRAHAM, Benjamin. The Intelligent Investor. Edição Revisada. (Rev. Benjamin Graham, Jason Zweig). Nova Iorque: HarperCollins, 2003.

KAHNEMAN, Daniel. Rápido e devagar: duas formas de pensar. Rio de Janeiro: Objetiva, 2012.

LYNCH, Peter. One Up on Wall Street, Nova Iorque: Penguin Books, 1990.

MARKOWITZ, Harry. Portfolio Selection. The journal of finance. Vol. 7, nº 1, p. 77-91, Mar. 1952.

MENKHOFF, L.; SCHMELING, M; SCHMIDT, U. Overconfidence, experience and professionalism: na experimental study. Journal of Economic Behavior and Organization, n. 86 (1), p. 92-101, 2013.

METCALFE, J. Cognitive optimism: self-deception or memory based processing heuristics? Personality and Social Psychology Review, n. 2 (2), p. 100-110, 1998.

MILGRAM, S. Behavioral Study of obedience. The Journal of Abnormal and Social Psychology. n. 64 (4), 1963, p. 371-378.

PRATES, W. R.; SANTOS, A. A. P.; DA COSTA JR., N. C. Excesso de confiança, turnover e retorno: evidência no mercado brasileiro. Brazilian Review of Finance, n. 12 (3), p. 351-383, 2014.

SIEGEL, Jeremy J. Stocks for the long run: a guide to selecting markets for long-term growth. Burr Ridge, IL: Irwin Professional Publishing, 1994.

STATMAN, M.; THORLEY, S.; VORKINK, K. Investor overconfidence and trading volume. Review of Financial Studies. N. 19 (4), p. 1531-1565, 2006.

STAUNTON, Mike. Global Investment Returns Yearbook. Londres: London business School, 2003.

WILSON, P. Bibliographic Instruction and Cognitive Authority. Library Trends, v. 39, n. 3, 1991, p. 259-270.

Agradecimentos

Gostaria de agradecer a todos aqueles que me ajudaram a escrever estas linhas e, em especial, à Flávia, minha amiga, esposa e fiel companheira e aos meus pais, por me ensinaram o valor das coisas e, acima de tudo, por me mostrarem as coisas de valor nesse mundo...

Ações S.A. — e os segredinhos do senhor mercado
foi produzido pela SGuerra Design para
Adenilson Carvalho em novembro de 2020